朝日新
Asahi S

JN037661

藤原道長と紫式部

「貴族道」と「女房」の平安王朝

関　幸彦

朝日新聞出版

まえがき

〝王朝時代の復権〟。本書の目的はズバリこれに尽きる。武家時代と対比して王朝の語感には、優雅とともに弱々しさも付きまとう。そうした後世からの評価と異なる面も、この時代は持ち合わせている。本格的な中世へのウォーミングアップの時期、それが王朝時代だった。藤原道長なり紫式部をテーマとしつつも、底流にはそうした問題も射程に入っている。平安時代四百年と一口にいうけれど、これほど長い時代は日本史上、他にはない。平安京・京都が政治の中心となった時期をかく呼称した。この長期に及ぶ時代は、平安京にイメージ化される時期と、それから脱皮して京都と呼称される段階とに区別できる。十世紀以降の後者の時期が本書の対象だ。〝平安王朝〟という語感と、ほぼ合致する。道長と紫式部に象徴される時代だ。

誰もが学生の頃「いづれの御時《おおんとき》にか、女御《にょうご》・更衣《こうい》あまた候《さぶら》ひたまひける中に……」なり、

「春はあけぼの〜」などのフレーズを覚えさせられたはずだ。『源氏物語』なり『枕草子』の頃のことだ。同時に、「またか！」との声も聞こえそうだ。世に〝戦国ファン〟は多いのに比し、この平安期の人気ははるかに劣勢である。『百人一首』に語られる、色恋沙汰のオンパレードだからかもしれない。

総じて、貴族が主役だったこの時代は、武士の時代に比べダイナミックさに欠ける。それ故に時代性の好悪《こうお》からすれば、長かった割には分《ぶ》が悪い。明らかに〝負〟の印象が強い。ここでの意図は劣勢なる平安時代、とりわけ王朝時代に射程を絞り、その名誉回復に向けて、この時代を裸眼で見直すことだ。

そのためには、高所から俯瞰《ふかん》する鳥のような眼も必要だろう。虫の眼だって求められよう。前者についてはこの段階を、〝お手本なき時代〟と解することで、日本史のなかに如《い》何《か》なる役割を担ったかを検討したい。また、後者の眼でいえば、藤原道長や紫式部といった王朝人を介し、時代の諸相に分け入りたい。とりわけ道長については彼を取りまく権力の有様を、そして式部については王朝人の日常を代弁させようと考えた。道長論や紫式部論に特化するのは、そもそも本書の任ではないので、人物を介して時代を語るという〝大説〟的アプローチでのぞみたい。

藤原道長と紫式部

「貴族道」と「女房」の平安王朝

目次

Ⅱ　藤原道長の章　63

Ⅲ 紫式部の章 127

図版／谷口正孝

序

謡曲『源氏供養』を考える

――いま一度《ひとたび》の光源氏

『源氏供養』について

知っているつもりの『源氏物語』について、『源氏供養《くよう》』を素材に本編への助走としよう。これは紫式部が男女の秘事を『源氏物語』で広めたため、彼女は地獄に堕ちたという伝承をテーマとする。式部の霊を供養することに力点がおかれ、異色の作品といえる。

「謡曲」とは、室町時代に登場する能の台本をさす。能をご覧になった読者ならおわかりだろうが、今日風に表現すれば〝3D〟風味の立体的な紙芝居と考えることもできる。中世の人々を楽しませた演劇的娯楽の一つである。多くが過去の歴史的出来事に取材している。王朝時代や源平の争乱をテーマとした作品も多い。

『源氏物語』の内容を材料としたものとして、「夕顔」「葵上《あおいのうえ》」「野宮《ののみや》」「玉鬘《たまかずら》」「浮舟」等々は有名だ。主役は「光ノ君」、すなわち「光源氏」の縁者たちだ。これらの作品群は、王朝世界を追憶する〝依代《よりしろ》〟となっている。

いまさらながらの『源氏物語』を語るのは、『源氏供養』を介して、王朝時代の扉を敲《たた》くことにある。小説・文学的世界とはいえ、『源氏物語』がある種の実在性を以《もっ》て、王朝貴族たちに迎えられたことは間違いない。

『源氏供養』の雰囲気をさぐれば

所は琵琶湖畔の近江《おうみ》・石山寺、時節はある春の日の夜半から夜明けのこと。紫式部の霊が登場し、安居院《あぐい》（比叡山竹林院の里坊）の僧に、光源氏と自身の供養を懇請するとの流れから始まる。

以下、口語調を織り交ぜながら、『源氏供養』の世界に分け入ってみよう。

女（シテ）――法印の御僧《ごそう》に申し出たいことがございます。私は石山寺に籠もり『源氏物語』を書いた者ですが、その後、物語は有名になりましたが、光源氏への供養ができなかったため、罪を背負わされ往生もかなわぬ状況なのです。御僧の石山寺参詣のおりには、どうか私どもの霊も弔ってほしいのです。

僧（ワキ）――石山での供養は易き事ですが、そもそも貴女はどのような方なのですか。

女（シテ）――ともかく石山寺にご参詣して下さい。既にわが身は冥界にあって苦しんでおります。供養がなされた後には、自分も姿を顕わしたく思います。

――こんな問答ののちに、（中入）――

僧（ワキ）――お約束のように寝もせずに石山寺の鐘の声を聞きながら、光源氏の跡を弔うこととといたしました。

女（シテ）――御僧の奇特な有難き振舞いに、どのような「御礼」を差し上げたらよいのでしょうか。（燈火の影にそうように、「紫の薄衣《うすぎぬ》」を着した式部の霊が登場する。）

こんな流れで「ワキ」「シテ」の掛合がなされ、クライマックス・シーンとなる。そこでは「シテ」たる紫式部の霊が、苦界からの救済を願っていたことを伝えその法恩として、『源氏物語』の巻名を語りつつ、舞いをなすとの趣向で終わる。こんな流れとなる。

『源氏物語』の巻名尽くし

『源氏物語』の巻名を織り込んだその場面には、源氏ファンならずとも、その巧みな言説に驚かされる。サワリの部分のみを紹介すれば、「そもそも桐壺《きりつぼ》の、夕《ゆうべ》の煙速やかに、法《ほう》性《しょう》の空に到り、帚木《ははきぎ》の庵の言の葉は、つひに覚樹《かくじゅ》の花散りぬ」といった具合だ。以下、引用は煩雑だから超訳で簡略にふれておこう。

「桐壺」の更衣《こうい》（光源氏の母）はこの世を去って速やかに仏の身となり、光源氏たちが雨夜に女性の品定めをした「帚木」のとりとめのない言葉は、終《つい》には悟りを開くたよりとなった。「空蟬《うつせみ》」の空《むな》しきこの世を厭《いと》いては、人の命は「夕顔」の露のようにはかなかったことを感じ、「（若）紫」の雲に乗った阿弥陀如来《あみだにょらい》に迎えられ極楽に到り、また「（末摘《すえつむ》）花《はな》」の台《うてな》（蓮台）に居るならば、「紅葉賀《もみじのが》」の秋の木の葉として散るのもよい。ただ仏の教えの機会は「榊《さかき》（賢木）葉」（神のこと）に求め往生したい。また「花散里」に住んだとしても、愛する者と別れるのは苦しい。なすべきことは光源氏が流浪《るろう》した「須磨《すま》」を発《た》って「明石《あかし》」に移ったように、生死の流転《るてん》する迷いを脱して、仏果《ぶっか》を得て円明《えんみょう》の境地に身を尽くし（「澪標」）、その処にいつまでもいたい。「蓬生《よもぎう》」のいぶせき宿（いとわしいこの現世）にあって、仏果を得たいものだ……。

冗長でもあるので、前半部分のみを抄出すれば、およそこんな感じとなる。『源氏供養』自体の原典その他については、いろいろと議論もある。それはそれとして、『源氏物語』自体が王朝人の心をつかんでいた点に、改めて着目する必要があろう。仏教的表現と調和させ作品に織り込み、構想化する試みは興味をそそられる。虚構化された王朝世界だとしても、多くの人に共有された観念だった。

大河小説のベストセラー

『源氏供養』を知るためには、やはり最低限の『源氏物語』のトバ口だけでも、おさえておきたい。五十四帖、つまり五十四巻にわたる長編の大河小説は大ベストセラーとして、王朝人たちに人気を博した。後に「Ⅲ　紫式部の章」でも詳しくふれるが、彼女がこの作品を書き始めるのは、宮中へ出仕する十一世紀初めのことだ。長大なストーリーには男女の愛欲なり孤独、さらには諦念などが語り尽くされている。

『源氏物語』でのヒーローは何といっても「源氏の君」すなわち光源氏だ。その光源氏に焦点を合わせるように、これを生み出した紫式部が一体化した形で登場するのが、『源氏供養』の世界だった。『源氏供養』に登場する「桐壺」「帚木」「空蟬」そして「夕顔」な

【桐壺院と皇子たち】

＊数字は皇位継承順

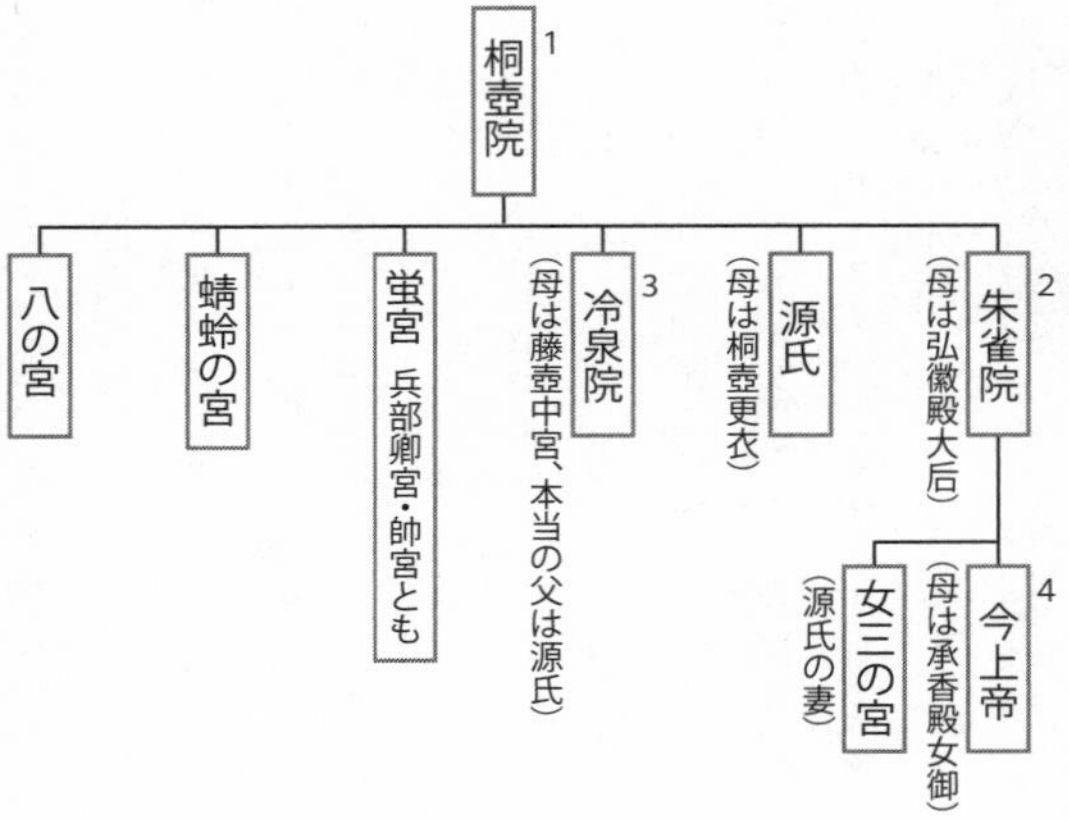

どの巻名には、光源氏と深く繋《つな》がる。第一帖の「桐壺」の名は、光源氏の母桐壺の更衣に由来する。

光源氏の父桐壺帝には嫡妻として、弘徽殿《こきでんの》女御《にょうご》という気位の高い女性がいた。彼女との間には第一皇子（後に朱雀《すざく》帝）がいた。桐壺更衣との間に誕生した光源氏は、第二皇子だった。将来のトラブルを考え臣下に降《くだ》された。桐壺の更衣は、やがて他界する。天皇の嘆きは大きかった。彼女によく似た藤壺《ふじつぼ》女御の登場で、桐壺帝は再び生き甲斐を見出すこととなる。だが少年期の源氏君は母君の面影を残す藤壺女御に恋をしてしまう。いわば禁じられた恋だ。かくして『源氏物語』の扉は開かれる。

関係の巻及び人物のそれぞれを語ることができる読者は、相当の〝通《ツウ》〟といえそうだ。それはともかく、王朝文学の結晶ともいうべき『源氏物語』と作者の紫式部は一体化して、後世に絶大なる影響を与え続ける。紫式部は『源氏物語』により人々を惑わせたとのネガティブな思考も広がった。「妄語」（ウソを語り人々を惑わせる）の罪で成仏できなかったとの堕獄譚云々《だごくたんうんぬん》は、中世初期には見える。

当然、堕獄説話とはちがうバージョンもある。式部の観音化身説話だ。院政期成立の『今鏡《いまかがみ》』（巻十）（『大鏡《おおかがみ》』の後継に位置する歴史物語）には、作者の紫式部について、「妄語などいふべきにあらず、（中略）女の御身にてさばかりの事を作り給へるは、ただ人にはおはせぬやうもや侍《はべ》らむ」（ウソばかり書きつらねたとは言えない、〈中略〉女性の立場でこんな秀でたものを残せたのは凡人ではない）として、彼女を評価する立場もあった。

堕獄説・観音説の両様の評があるにしても、王朝世界の参照軸としての役割を果たしたことは、まちがいなさそうだ。

『源氏物語』と式部は、一体の関係として人々の記憶に定着していたのである。

【主要登場人物相関略図】

＊＝は恋愛関係

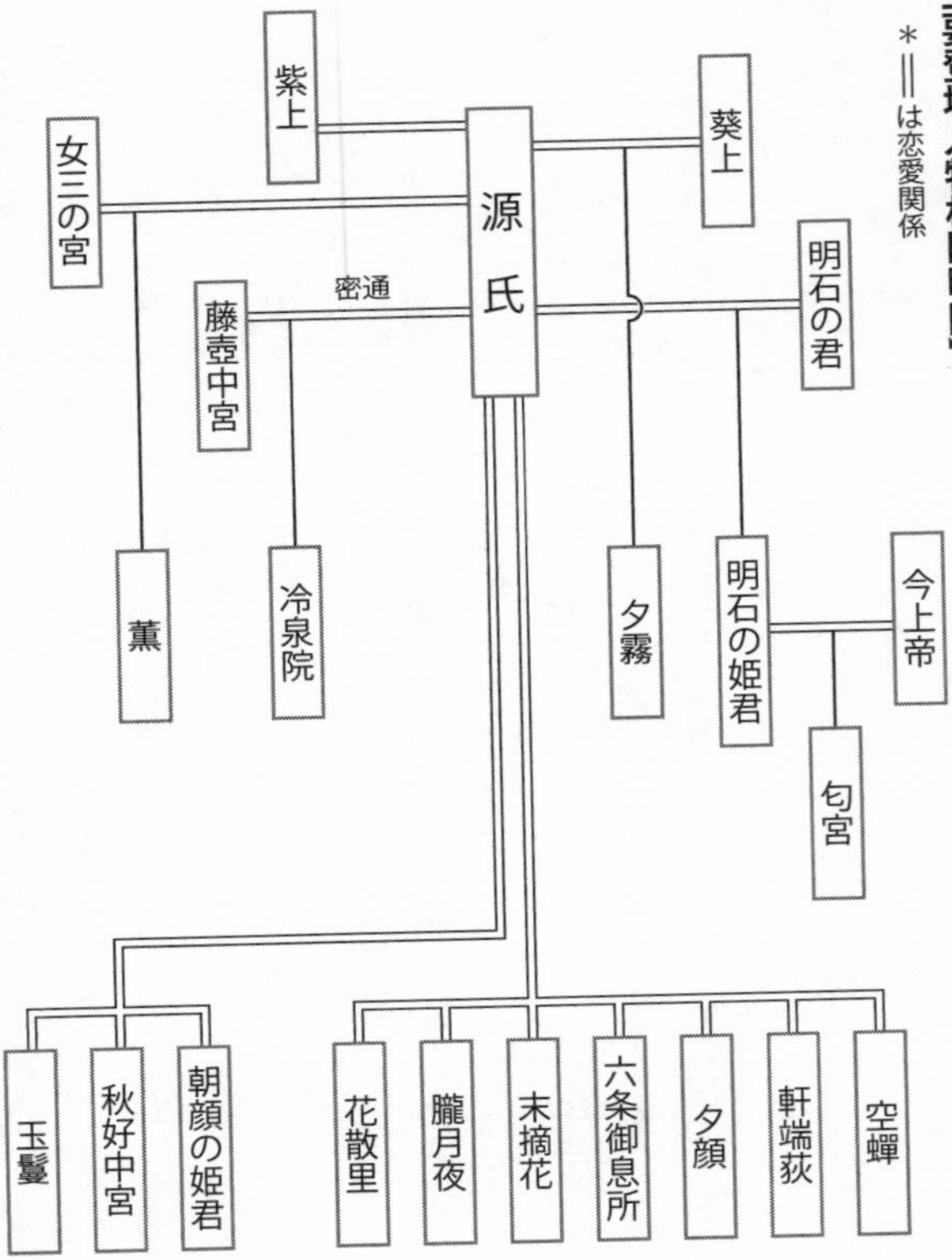

(阿刀田高『源氏物語を知っていますか』より)

光源氏のあざとさ、罪と罰

ある作家の表現を借りれば、〝いずれの御時《おおんとき》〟にも〝あやしい〟のは男女の仲というものらしい。『源氏供養』は、その色恋沙汰を広めた式部の罪と罰、そしてその救済が主題だった。同時にそこには光ノ君、すなわち源氏の君への弔いも懇請されていた。ある種の〝あざとさ〟を伴った光源氏への救いも語られていた『源氏物語』とは、その光源氏を介して、王朝の男女の諸相を描いた作品ともいえそうだ。時代を超え共通する、恋と愛にまつわる男女の営みの物語である。取沙汰されるのは、性欲、嫉妬、憎悪、呪詛、さらに諦念といった男女の諸相だった。

『源氏供養』には、そうした光源氏の前半生がちりばめられている。

十二歳で元服した光源氏は、左大臣の娘「葵上」と結婚する。光源氏十七歳のおり、方違《かたがい》のため訪れた中流貴族の若妻「空蟬」を盗み密通をなす。……という具合に、光源氏と関係を持った女性は「葵上」「空蟬」「軒端荻《のきばのおぎ》」「夕顔」「紫上」「末摘花《すえつむはな》」「六条御息所《ろくじょうのみやすどころ》」「源典侍《げんのないしのすけ》」「朧月夜《おぼろづきよ》」「花散里」「明石の君」など、様々だ。当然そうした女性とは、あざとい関係、すなわち密通もあった。

ここで倫理を持ち出し『源氏物語』に負のレッテルを付すことは無意味だろう。王朝人の心性で眺めるならば、光源氏の女性遍歴は〝種〟の保存と継承による貴種の再生という面もあった。ただし、重要なのは光源氏とその女性たちの間に時々での真剣さを伴っていたという点だ。それを「愛」と呼ぶかどうかは、疑義もあろうが……。

そうした王朝の色好みの世界には、造語だが、「貴族道」と覚しき場面も同居する。光源氏の〝振舞い〟には、その「貴族道」も垣間見られた。ならば、それはどのようなものか。

光源氏という「貴族道」

光源氏の存在には、理念化された〝あらまほしき〟貴族としての姿が投影されている。あたかも〝貴族道〟の語感が似つかわしいのではないか。〝光ノ君〟に体現されている理念としての、貴族像の描写である。かりに「粗ニシテ野ナレド、卑ニ非ザル」世界が、「武士道」だとすれば、「卑」ではないことは共通するが「粗野」からも距《へだた》りのある世界こそが、「貴族道」ということになろうか。

「粗野」は暴力や武力と同居する。したがって、これに訴えることを恥とみなす立場が「貴族道」ともいえる。いわば「文道」主義を是とする思考だろう。「粗野」との対比でいえば、「優雅」ということになる。「優雅」さとは「貴族道」に付随する〝振舞い方〟だった。

光源氏についていえば、これを対権力観・対女性観の両者から考えることもできる。後者の女性観でいえば、『源氏供養』には彼にかかわりを有した女性たちの名が登場する(「桐壺更衣」以下、「空蟬」「夕顔」「若紫」「末摘花」、さらには「花散里」そして「明石の君」等々)。注目すべきは女性への蔑視感が皆無だという点だろう。恋の成就の成否は別にしても、多情ではあったが、そこに〝野暮〟はなかった。「情《なさけ》を掛けた女性たち」への〝マメ男〟ぶりこそが、光源氏の真骨頂だった。この対女性への真摯《しんし》さは、「貴族道」を構成する大きな要素ともいえる。

そして、対権力観にあっては、〝引き際〟という身の処し方だ。たとえば、政敵の右大臣家との確執に敗北した折に、自らが都を去って須磨への流謫《るたく》を選択したことだ。難を避けることで、〝堪える〟ことを自然体でなしえた人物といえる。式部が「光ノ君」を通じて提示したのは、そうした「貴族道」の世界でもあった。

以上、ながめたように、『源氏物語』には、まさに光源氏という王朝人の行動が凝縮されていた。物語という叙述のスタイルを取りながら、『源氏物語』自体には、王朝人の心性が語られている。虚構世界ながら真実が伝えられている。史実云々では語り尽くせない、心の綾なり・彩りの描き方が〝勘所〟なのだろう。

思いやりと忖度──「あらまほしき」道

光源氏の所作や振舞いを育んだものは、男女の睦言《むつごと》だった。閨房《けいぼう》での語らいに至るまでは、露骨な所作は埒《らち》の外なのだろう。その限りでは相手の心を読む忖度《そんたく》が求められた。これは男性のみでなく、女性にも求められる。この忖度志向こそが、王朝貴族が最も重視したものだった。光源氏という理想化された架空の貴族像が、王朝世界の象徴として引き合いに出されたのも、暴力を拒み、歌の遣り取りを介し〝間合いを詰める〟そうした行動を通じ、間接的ながらも諾否を察知する姿勢が評価されたのだろう。

王朝貴族にとって和歌は、自己の情念を、言語という理智的手段で表明する行為だった。何もそれは男女の愛の行方云々だけではない。あらゆる現象を自己の心情に対応させつつ、他者に放出する行為でもあった。政治上での権力の暗闘場面でさえ、表現上の才能こそが、「貴族道」に恥じない要素だった。

例えば藤原道長が娘、威子《いし》の立后《りゅうごう》にさいし、有名な〝望月の歌〟を参列の公卿《くぎょう》たちに披露しつつ、その唱和に言及した『小右記《しょうゆうき》』（寛仁二年十月十六日条）の有名な一節がある。筆者の藤原実資《さねすけ》はいささか苦々しい感想を表明している。道長の絶頂を語るエピソードとして伝えられるこの一件も、「貴族道」云々に引きつければ、道長の露骨志向への不快が先行したからだった。いわば〝過ぎたること〟への配慮不足を、実資は嫌悪したことになる。その点では調和志向もまた「貴族道」たることの要件といえた。

当意即妙といえる気転の利かせ方は、和歌の応酬のポイントとなった。それには古典的素養や先例などの有職《ゆうそく》的知識が必要であった。そうした教養志向も当然「貴族道」の中身となろう。

光源氏の諸種の振舞いには、そうした貴族たるべき存在として〝あらまほしき〟道が集約されている。交渉を持った女性たちへのその後の配慮にしてもそうで、彼は気の毒な境涯の女性たちを、自分の屋敷に同居させるという、誠実さも持っていた。光源氏の行動には、「貴族道」の一端が投影されていたといえそうだ。

女々しさと「貴族道」

「貴族道」の語感のなかには〝女々《めめ》しさ〟もある。〝女々しさ〟が罪の如く断ぜられたのは、武家社会が成熟期を迎えた中世も後期のことだ。少なくとも、中世前期の『平家物語』などにあっては、〝女々しい〟ことは何ら罪ではない。むしろ、誇りと解されたこともあった。言うまでもなく、〝女々しい〟云々は男性の側からの、それも武士道云々に関係した見方である。当然、王朝貴族の価値観やそれにもとづく行動（色恋沙汰も含めて）には、侮辱感がともなっていた。

けれども、恋々とした思い切りの悪さの代名詞として用いられる〝女々しさ〟には、諦めない粘りの思考も同居する。「貴族道」が武力や暴力に性急に訴えないところに価値を見出すのも、それと関係する。喜怒哀楽は時として、制御不能となる。そんな状況下、感情の暴発を制止することが求められる。和歌の効用の一つはそれだった。したがって、和歌の巧みさは「貴族道」のバロメーターでもあった。

詩歌・管弦は貴族の嗜《たしな》みであったが、それは貴族道への自覚の促しにも繋がった。「貴族道」にはそうした内的・精神的世界での価値とは別に、他者からの視線、すなわち外的・視覚的世界での価値も考えられる。要は見た目・見栄だ。官人社会にあっては、外見の「身嗜《みだしなみ》」が重要だった。道長の祖父・九条師輔《もろすけ》が著した『九条殿《くじょうどの》御《ご》遺誡《ゆいかい》』を持ち出すまでもなく、ここには貴族道なるものの根本が記されている。

王朝国家の段階はそうした「貴族道」の登場と対応していた。『枕草子』や『源氏物語』が紡ぐ貴公子たちの所作・言動には、そうした世界にマッチした内容が随所にあふれている。「身嗜」云々でいえば、道長の兄の道隆にも、興味深い話はある。酒を愛し酒毒《しゅどく》のために病に犯され死去した関白の道隆は、三度の飯よりも酒が好きであった。そのため宮中参内の際でも、時として正体不明となることがあったという。

そんな道隆にも意外なエピソードがある。賀茂祭《かものまつり》の折には車を立て参詣したが、道隆は弟の道長に起こされるまで、車内で酒に酔いしれ伏していたという。しかし、目を醒ますやすばやく身繕いをして、「御櫛・笄《こうがい》具したまへりけるを取り出て、繕《つくろい》などして、降りさせたまひ」とあり、その様子は「いささか然《さ》り気《げ》なくて、清らかにてぞおはしましし」(特別、気取ることもなく、美しい)(『大鏡』〈道隆伝〉)とある。道隆の行動が示すように、こうした状況に対応した即断性は「然り気なく」と相俟《あいま》って、貴族たる者が具有すべきものだった。極論すれば〝見られる〟ことへの気配りも、「貴族道」の要件ということにもなろうか。

I　王朝時代の諸相

――内と外

これまで『源氏供養』を介し、恋に寛大なる王朝世界の一端にふれた。ここでは平安後期の王朝国家の大枠について眺めながら、本論の助走とする。道長や紫式部の時代は、わが国が属した東アジア世界の転換期にあたっていた。その影響は日本にももたらされる。国内の政治権力の動向を眺めることが、ここでの主要な課題となろう。

いわば道長や紫式部が登場させた舞台が、そもそも、どんな時代なのかをおさえておくことがポイントとなる。

海に囲まれたわが国にあって、平安王朝期は、外圧が比較的少ない段階とされてきた。けれども、必ずしもそうとはいえず、海を介し、大陸と対峙したわが国は、継続的な緊張関係にもあった。

このあたりをおさえながら、王朝時代の諸相について考えておこう。

「お手本」なき時代へ

十世紀末から十一世紀にかけての当該期は、律令国家にかわって、中世的ゾーンの王朝国家の段階となる。武家政権の前提となるこの時期は、来るべき中世国家の第一ステージに位置した。古代律令システムが中国（唐）を〝お手本〟としたのと比べると、『源氏物語』を誕生させた王朝時代は、〝お手本〟が希薄になっていった段階だともいえる。

わが国の歴史では外の世界に規範（モデル）を求めた「開の体系」の段階と、規範の薄い「閉の体系」という二つの旋律があった（拙著『海の日本史』参照）。後者は前者との対比でいえば、〝お手本〟なき段階に相当する。「真名《まな》」（漢字）から「仮名《かな》」（平仮名・片仮名）への転換、天皇号の漢風表現からの脱却、さらにいえば「平安京」から王朝都市「京都」の成立等々の出来事は、〝お手本〟主義を脱し、大陸的文明思考からの離脱を意味するものだった。神仏習合思想の成熟も、当該期に登場した。いわば日本的な伝統社会の成熟に向けての舵が切られる時代といえる。

もちろん右に語った歴史現象は、同一時期に登場したものではない。ここでいう「王朝」の語感は、大陸的文明主義を消化し、在来の国内の土俗的要素との融合・合体がなされる状況を示すものだった。

その点では天皇を頂点とする集権的律令制を脱して、お手本主義からの分離思考のなかで、〝間尺に合う〟形での社会的・制度的システムの構築がなされる段階といえる。原理・原則に依拠せず、現実に見合う〝請負体制〟が誕生した時でもあった。王朝国家とは、その請負原理により運営された国家ということができる。

請負体制という現実路線

天皇に代わり〝政事《まつりごと》〟を代行する摂関以下の貴族たちの集団は、朝廷的権威(「朝威《ちょうい》」「王威《おうい》」)に依拠した。それにより彼らは「公家《くげ》」として、政治を執行する役割を与えられた。けれども一方で、反乱や政争などに対峙するための武力も必要とされた。地方での騒擾《そうじょう》事件の鎮圧、さらには中央での政争の解決手段として武力が要請された。それらは後世には「兵威《へいい》」とも「武威《ぶい》」と呼称され、その担い手がのちに「武家」へと繋《つな》がった。こうした軍事的役割を担った存在も、王朝国家期には登場する。

さらには信仰世界にあっては、「寺社家《じしゃけ》」が担い手となる。「法威《ほうい》」「霊威《れいい》」と諸史料に登場する用語は、その寺社家が保持した職能だった（この点は拙著『武士の原像』も併せ参照）。

かつて天皇＝朝廷に一元化された律令的古代は、王朝国家の段階には社会の実態に見合う形で、原則を変容させつつ新たな秩序をつくり出してゆく。王朝国家の段階とは、そんな時代ということができそうだ。中世国家が朝廷（天皇）・武家（幕府）とともに、寺社の宗教権門《けんもん》を加えた合算的権力の複合体制（「権門体制」）で、運営されるという考え方の源流は、実はこの王朝国家の段階に胚胎《はいたい》していたと考えていい。

このことを語るうえで、参考となる説話がある。『古今著聞集《ここんちょもんじゅう》』（第三「政道忠臣」）が伝える「道理」と「非道」の船に関してのものだ。時代は王朝国家が成熟する摂関期から院政期のことだった。後三条天皇《ごさんじょう》（在位一〇六八～一〇七二年）の時代のブレーンとして知られる、大江匡房《おおえのまさふさ》に関する逸話だ。彼が大宰府《だざいふ》の長官のおり、鎮西《ちんぜい》からの官物を満載した二艘の船を難波《なんば》に送った。一艘は法制度に則して集積した官物の船（＝「道理ノ船」）、もう一つは非法で集めた官物の船（＝「非道ノ船」）をそれぞれに船出させたところ、「道理ノ船」は途中で海没、「非道ノ船」のみが無事到着したという。説話であり虚構の刷り込みがあるのは当然だが、ここには「非道ノ船」の方が無事についたことに思いを馳せて、大江匡房は「世ハハヤク末ニナリニタリ」「人イタク正直ナルマジキナリ」（世も末で、人は正直ではなくなった証拠だ）と語ったという。ここには政治顧問たる匡房がこの話を持ち出すことで、現実を見極めた政道こそが、問われるべきとの主張が伝えられていた。

要は律令的原理のみでは立ち行かなくなった現実に、どう対応するかというのが匡房の主張なのだろう。建前的・理想主義から、結果重視の現実主義への政策的転換ということらしい。

ここには王朝国家段階に対応した、政策理念が表明されていることになる。租税官物徴収にさいして、「過程」を重視した律令国家とは異なる、「結果」重視の王朝国家という違いである。制度を離れての運用について、柔軟な思考が語られている。地方政治システムの解体のなかで、租税の確保が課題となったとき、受領《ずりょう》への租税請負の流れが一般化するが、この「道理ノ船」と「非道ノ船」が伝える内容には、そうした時代の大局も看取できそうだ。

平安京、そして大内裏へようこそ

平安京には、前代の平城京とともに、律令国家の首都たるにふさわしい趣があった。そこには中国的文明主義を範とする都市空間の演出があった。大和国《やまとのくに》から山城国《やましろのくに》へと政権の中枢が移行することで、平安の時代が始まる。平安京以前、大和国での政治権力の中軸は、吉野方面から北上するなかで動いていった。飛鳥《あすか》京、藤原京、そして平城京への変遷はこれを示していた。山城国に至り、乙訓《おとくに》郡長岡京さらに葛野《かどの》郡の平安京へと推移したことになる。

畿内《きない》と呼ばれる諸地域は、大和・山城を中心に、これに摂津《せっつ》・河内《かわち》・和泉《いずみ》（摂・河・泉）の三国を加え構成された。畿内の「畿」とは重要・枢要なる意味で権力の所在地域の別称だった。いわば国家権力の心臓部が畿内だった。その心臓部のさらなる中心が、大内裏《だいだいり》―内裏だった。天子（天皇）を囲む聖域である。

その平安京は唯一南方が低く東西を分かつ朱雀大路《すざくおおじ》を中心に、東側を左京（内裏を背にして）、西側を右京と呼んだ。朱雀大路の延長の鳥羽《とば》の作道《つくりみち》と呼称された地域の周辺は、桂川・鴨川・宇治川等々の河川が流れ、淀川水系に一体化する。それ以外の三方は東山・北山・西山に囲まれている。東山方面の鳥辺野《とりべの》、北山方面にあっては紫野《むらさきの》や小野、そして小塩山《おしおやま》を含む西山方面では嵯峨野《さがの》や大原野の地名が確かめられるように、「山」と「野」が織り成す地勢的環境からなっていた。東西四・五キロ、南北五・二キロの範囲が、その平安京の枠組みだ。大内裏はその北側中央に配され、政事・公事を司る平安京の中心で東西一・二キロ、南北一・四キロの広さを有する。周辺は十二門があり、その内部には朝堂院以下の諸官衙（二官八省）と内裏があった。その内裏こそが大内裏の中枢に位置した天皇の居所だった。

結果オーライ志向の採用

かつての律令国家は、儒教的な徳目思想での運営が是とされた。「人イタク正直ナルマジキ世」の到来に対応した方策・方便こそが、「非道ノ船」の是認論だった。結果オーライ志向の採用だった。手段は問うところではなく、最終的には帳尻が合致することが肝要との考え方だ。そこにおいては地方政治にあっても、国司の人格的領導主義云々《うんぬん》よりは、むしろ受領的側面（請負的地方官の側面）の転換がはかられる。

『今昔物語《こんじゃくものがたり》』(巻二十八―三)に登場する「受領ハ倒ルルトコロニ土ヲツカメ」の場面は、任国に赴いた国司(受領)は税の徴収を請負っていたために、貪欲に収奪を行ったことを揶揄《やゆ》するものだった。そこには転んでもただでは起きない姿が投影されている。その剛腕的徴収ぶりのみが語られることが少なくないが、それは律令的建前意識との対比から導き出された観点だった。剛腕ぶりへの皮肉とは別に、手段を問わない能吏ぶりも主題となっている。

こうした王朝的状況を語る象徴的説話として、次のようなものもある。これも『古今著聞集』(第三「政道忠臣」)にあるものだ。後三条天皇は自分が律令格式に違反しないと宣《せん》命《みょう》(漢字の音訓表記による天皇の命令)に書いたが、その後に天皇は亡くなった。それを世間では、天に誓う宣命に事実に反することを天皇が記したため、亡くなったと噂したという。そこから人は「屏風《びょうぶ》のような」生き方が求められるという。屏風は延ばせば倒れる。だから屏風のように襞《ひだ》を保ちつつ、臨機応変の対応が必要なのだ。

こんな大意の話だ。ここにあっても事情は前記の「道理」と「非道」の船の対比と同じだろう。「屏風」云々は、まさに「非道ノ船」に相似する内容だろう。いわば、ここでも現実重視に向けての政道志向が趣旨だった。説話レベルでの中身とはいえ、当該期の貴族たちが共有した考え方が見て取れる。

王朝国家と「貴族道」

この王朝国家の政治的方向性は、律令時代のそれとは一線を画したものだった。それは「変容」志向とでも表現できる柔軟な立場の表明だった。おそらく「貴族道」なるものがあるとすれば、彼らが自己のアイデンティティを保持しつつ、移り行く現実に即応する、ある種の「したたかさ」なのだろう。「変容すれども、変化しない」「したたかさ」ともいえよう。「貴族道」には、王朝国家段階の貴族たちが共有する、生き抜くための知恵が内包されていたはずだ。

短絡的に武力に訴えないことも、「貴族道」たることの条件だったはずだ。この点で想起されるのが、藤原実方《さねかた》中将の陸奥下向《むつげこう》の逸話だ。『古事談』(第二)にも見えているものだ。紫式部や清少納言と同じ世代に属したこの貴族は、藤原行成《ゆきなり》への暴力事件から、陸奥へと左遷されてしまう。藤原実方が自身の振舞いを同僚の藤原行成に批判されたことへの意趣返しが発端だった。

清涼殿を舞台にしたこの事件は、まさしく貴族にあるまじき行為とされた。「貴族道」

云々に連動させるならば、被害者行成の立ち振舞いに「貴族道」の名に値するものが語られているようだ。

実方に奪われ庭に投ぜられた自身の冠を、行成は逆上することなく、下級の役人をよび拾い上げさせ、「左道ニイマスル公達《きんだち》カナ」（正気を失った公達だ）と言ったとする。そこには行成の冷静・沈着な行動への讃辞が語られている。今日風の表現でいえば、〝カミ対応〟ということになろうか。行成による「臨機応変」の姿勢が評価された。ここには王朝国家が育んだ「貴族道」のイメージが伝えられている。感情の暴発を抑え、理性的に振舞う行為である。そのうえで、堂々と相手の非を正す姿勢ということになる。

この説話が伝えるメッセージを「貴族道」に繋げるとすれば、一つは行成が語った、「左道」への嫌悪感だろう。「左道」とは邪《よこしま》で邪悪な行動を指す。闘諍《とうじょう》という暴力に同等に向き合うならば、「左道」には「左道」でという応酬になる。それを回避するための冷静さここそが評価された。

この一件を小蔀《こじとみ》から見ていた一条天皇は、行成の振舞いを誉めて蔵人頭《くろうどのとう》に昇進させたという。一方、貴族にあるまじき「左道」を演じた実方は、「歌枕見テマヰレ」と、陸奥守へ左遷したという。右の出来事に近い史実があったのかもしれないが、史実以前に、かかる説話から導き出される、当該期の貴族たちの感性は注目されねばならない。

王朝の〝勤務評〟――貴族もツライよ

誰しも、どんな時代でも他人からの評価は気になるところだ。自己の立ち位置を官位で比較される貴族たちにとっては、その昇進は死活問題だった。そもそも論でいえば、律令のシステムでは最下級の少初位下《しょうしょいのげ》から最上の正一位《しょういちい》までは、三十階のランクがあった。

この間の壁は三位《さんみ》と五位の二つ。三位以上は「公卿《くぎょう》」と呼ばれた。ザックリ、平安王朝期は二十人前後が公卿グループだ。これが政治執行の首脳部とされる。ついでに五位は上流貴族の登龍門でもあったが、他方で下級の廷臣の終着点となる。平安中期以降は、六位から始まる。かつての律令最盛期のような七位以下はなくなる。

官と位はそれに対応するシステムとなっていた。「官位相当制」がそれだ。例えば一位＝太政大臣、二位＝左右大臣という具合だ。気になるのは、その収入だ。物価にもより一定しないことを前提にすれば、現代の貨幣価値に換算すると大臣クラスで年収五〜六千万円、公卿の最下位の参議（四位）クラスで五〜六百万円とケタが一つも違うようだ。

それはともかく、公卿の予備軍ともいえるのが、清涼殿の「殿上間《てんじょうのま》」に昇ることを許された殿上人《びと》である。四位・五位の有能な貴族と六位の蔵人を指した。王朝期にあっては、公卿（上達部）に次ぐ身分の称とされる。この殿上人の段階での人事上の査定が厳しい。ただし、公卿に至っても有能な貴族たちは多忙だった。したがって、蔵人頭に抜擢された行成もかなり忙しかったようだ。

詩歌・管弦と貴族の嗜み

「貴族道」とは、（公卿や殿上人が）身に付ける所作・振舞いを含めての価値観のことだ。そうした価値観を共有する人々の行動様式の総体をさしている。

貴族が追い求めた知性・教養に徹する世界でもある。文人気質を是とし、武力とは無縁の道だった。和歌を介して体現させる感情の機微は、その「貴族道」の基本中の基本だった。武人といえども、軍事貴族（武将）に源流を有した人々は、当然ながら和歌の素養が求められた。

そして、和歌とともに「貴族道」の中枢の技芸が管弦だった。つまりは〝詩歌・管弦〟こそが「貴族道」の必須のアイテムとされた。ここで想起されるのは、謡曲『絃上《げんじょう》』の世界だ。琵琶の名手で、妙音院大臣と称された藤原師長《もろなが》（保元《ほうげん》の乱で敗死した左大臣頼長の子）

【皇室と藤原氏の関係】

＊数字は摂政・関白になった順と天皇の即位順
＝は天皇との婚姻関係。天皇は太字
基経は長良の子で良房の養子

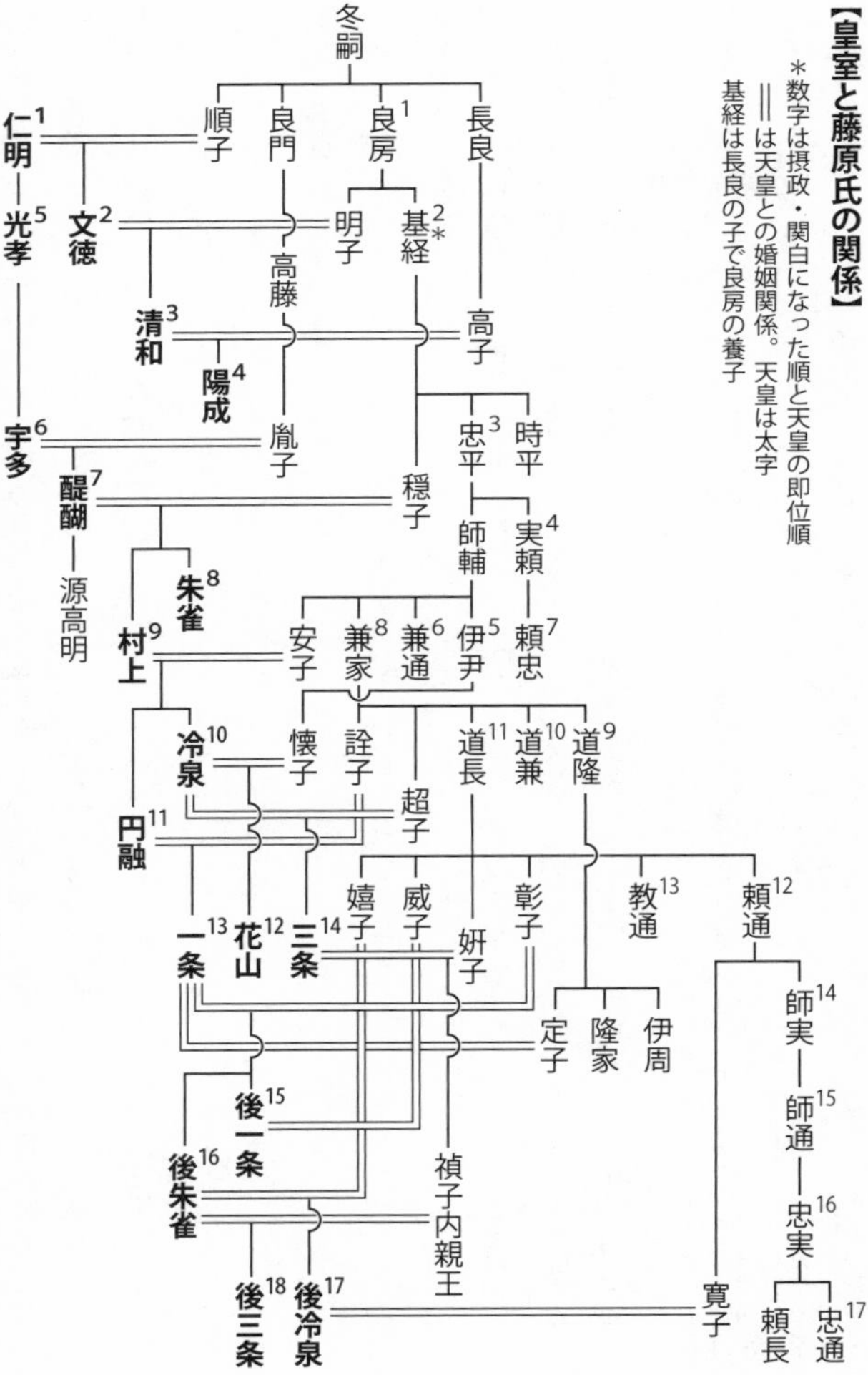

は、大陸（中国）憧憬志向があり、琵琶の奥義を極めるべく、渡海を決意する。途中の須磨《すま》まで赴いたところ、村上天皇の霊が出現、王家相伝の宝器「絃上」を奏し、師長の渡海を翻意させるとのストーリーとなっている。

謡曲的世界の話ではあるが、異朝崇拝志向からの離却を村上天皇の霊を持ち出し、伝えている点は興味深い。異なる時空に生きた師長と村上帝という二人の人物は、「絃上」を媒介に結びつけられている。ここには本朝回帰主義といい得る方向が看取できるはずだ。「絃上」という管弦の世界を引き合いに、大陸志向を否定し、本朝回帰による管弦の道を志向させたところに、この作品のポイントがあった。

異朝志向から本朝回帰へ

謡曲『絃上』にあっては、琵琶の名手師長をも本朝へと回帰させる方向が看取できる。当該作品が村上天皇の霊を登場させているのは重要だろう。〝天暦《てんりゃく》の聖帝〟とされた村上帝は、王朝国家の誕生と対応する時期の天皇だった。本朝回帰の象徴として、この天皇の存在は注目される。併せて村上帝の霊が奏したものが、琵琶だったことも興味深い。

王家のかつての神器云々とは別の次元で、「絃上」なる琵琶が王権の象徴として語られていた（この点については、豊永聡美「特集　史実から読み解く能『絃上』」〈『国立能楽堂』四五三号〉参照）。師長が生きた平安末期は、保元の乱以降の内乱の時代だった。平氏の台頭のなかで、師長自身は後白河院《ごしらかわいん》に重用され太政大臣になったが、清盛のクーデターで解官《げかん》される。史実でも琵琶や箏《そう》の名手でもあり、「絃上」の登場もそうした師長の管弦への強い想念が前提となっている。中国は宋王朝の時代に当たる。妙音院大臣とも称された師長は、「今様《いまよう》」「声明《しょうみょう》」にも秀でていたようで、芸術至上意識も強かった。それが大陸への憧れに繋がったのだろう。

当時、東アジアの情勢は十世紀半ばの大陸での激動をへて、十二世紀には安定期を迎えていた。けれどもそれ以前の大陸事情は、必ずしも安定した情勢ではなかった。『絃上』に登場する村上天皇と藤原師長は、それぞれ十世紀と十二世紀を生きた人々で、時代的には出会うことはない。両人の間には単純に二世紀のタイムラグがあった。この期間こそが、本書の主役たる道長そして紫式部の活躍した時代ということになる。

大唐帝国の解体と東アジア

『絃上』の主役村上天皇の時代は、大陸は転換期だった。わが国の律令国家が〝お手本〟

【藤原氏北家略系図】

＊数字は摂関就任順
基経は長良の子で良房の養子

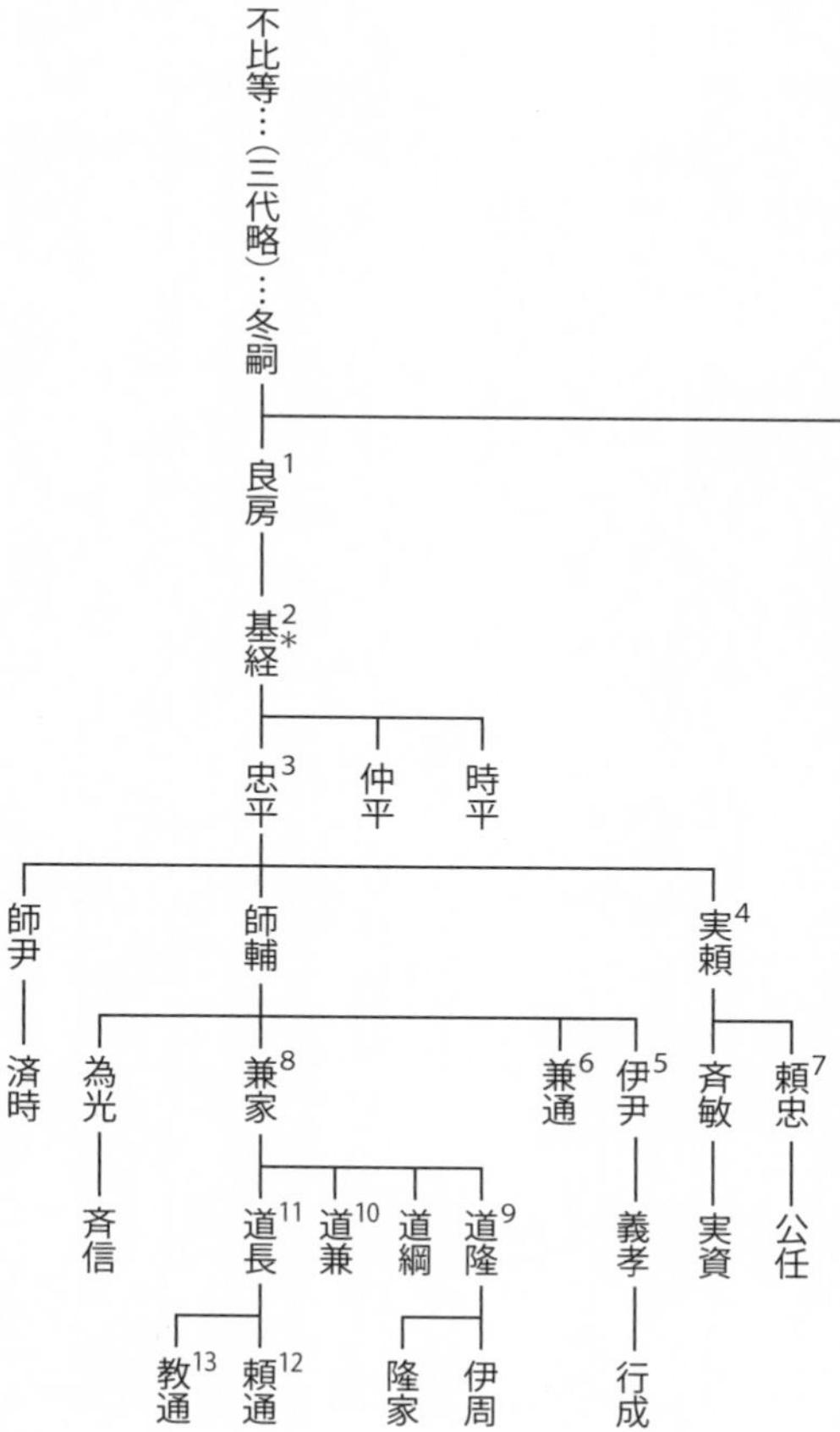

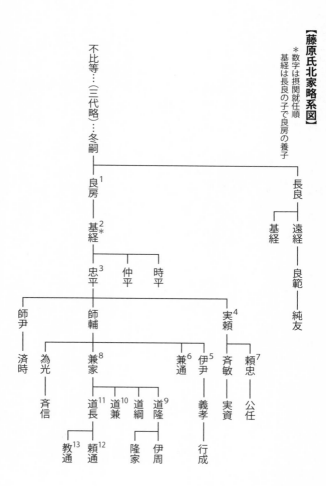

とした大唐帝国は、衰退・滅亡の段階にあった。これに代わり、五代十国の時代(九〇七〜九六〇)がおとずれ、群雄の割拠が続いた。村上天皇の即位は天慶《てんぎょう》九年(九四六)のことだから、在位の二十余年の期間は大陸の激動が見聞されていたことになる。統一王朝となる宋の建国は、村上天皇の晩年の時期だった。

一方、朝鮮半島も、この十世紀は動揺をきたす。唐の衰退に対応するように、新羅《しらぎ》の国力も弱体化した。そして王建が開城を都として高麗《こうらい》を建国し、朝鮮半島を統一した(九三六)。同様に朝鮮半島北部から中国東北部(満州)にあっても、七世紀以来の渤海《ぼっかい》が滅亡し、契丹《きったん》がこれにかわった(九二六)。

このように、十世紀は唐王朝の滅亡を皮切りに、周辺諸民族が激動の時期を迎えていた。海を介して大陸と接したわが国も、その激動の余波にさらされていた。天慶の乱として名高い平将門《たいらのまさかど》の乱(九三五〜九四〇)は、朱雀《すざく》天皇の時代に勃発している。村上天皇はその朱雀の弟にあたる。

将門の乱の顛末を記した『将門記《しょうもんき》』では、将門が「兵威ヲ振ヒテ天下ヲ取ル」(武力で天下を取る)ことへの義を、大陸に求めていることは注目されよう。具体的には渤海を滅亡させた契丹の耶律阿保機《やりつあぼき》(遼《りょう》の建国者)の行動をモデルとした。もちろん『将門記』作者が将門に仮託させての発言だとしても、大陸事情は当時のわが国にあっても、知るところであった。

いずれにしても大唐帝国の滅亡を契機に、朝鮮も中国東北部（満州）も、そしてわが国も統合の秩序が解体して、新しい時代が到来しつつあった。日本での王朝国家の登場も、そうした大陸情勢と密接な関連を有した。

朝鮮半島もふくめた大陸情勢の変貌は、わが国では海防問題に直結した。ちなみに九世紀末の寛平《かんぴょう》期（八八九～八九八）は宇多《うだ》天皇の治世にあたる。前述の村上天皇の祖父にあたるこの天皇は、菅原道真を重用し、政治改革を断行した天皇として知られる。

【天皇家略系図】

＊数字は皇位継承順

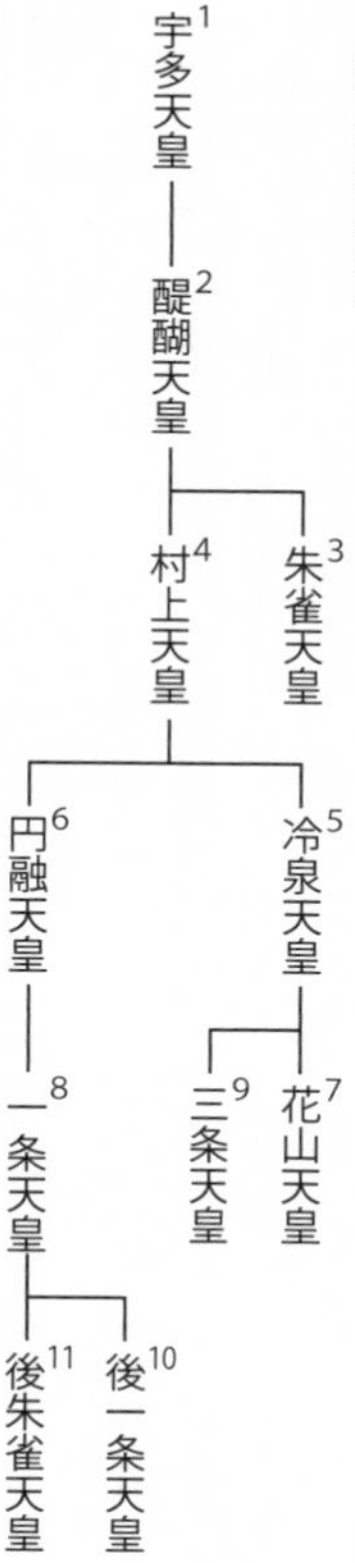

その寛平の時代は新羅海賊の侵攻が相つぎ、隣国新羅との関係が悪化する。著名な菅原道真の遣唐使廃止も、そうした海防問題とリンクした措置であった。当該の新羅侵攻事件は、高麗朝誕生にともなう新羅国内の混乱の結果であり、わが国のその後の海防意識を高めることになった。

十世紀段階は対新羅海賊への後遺症により、高麗王朝誕生後も正式の国交を断つことで中国（宋）との絶縁とあいまって、〝内に籠る〟ことを是とする外交方針が堅持される。

海防の危機――「刀伊の入寇」以前

予兆はあった。王朝国家期の最大の異賊侵攻事件についての話だ。「刀伊《とい》の入寇《にゅうこう》」として語られてきた当該事件は、道長時代の寛仁《かんにん》三年（一〇一九）に起きている。寛平期の新羅事件から一世紀余を経てのことだ。海防の危機について、新羅侵攻以来、それなりに警戒モードにはあった。

事実、宇多天皇の後継たる醍醐《だいご》天皇（村上の父）のおり、三善清行《みよしきよゆき》が延喜《えんぎ》十四年（九一四）に提出した「意見封事」（国政全般についての建白書）にあっては「蝦夷ノ乱」「新羅ノ警」という日本国の東西がかかえる軍事的課題も指摘されていた（『本朝文粋』巻二）。十

【11世紀前半の東アジア】

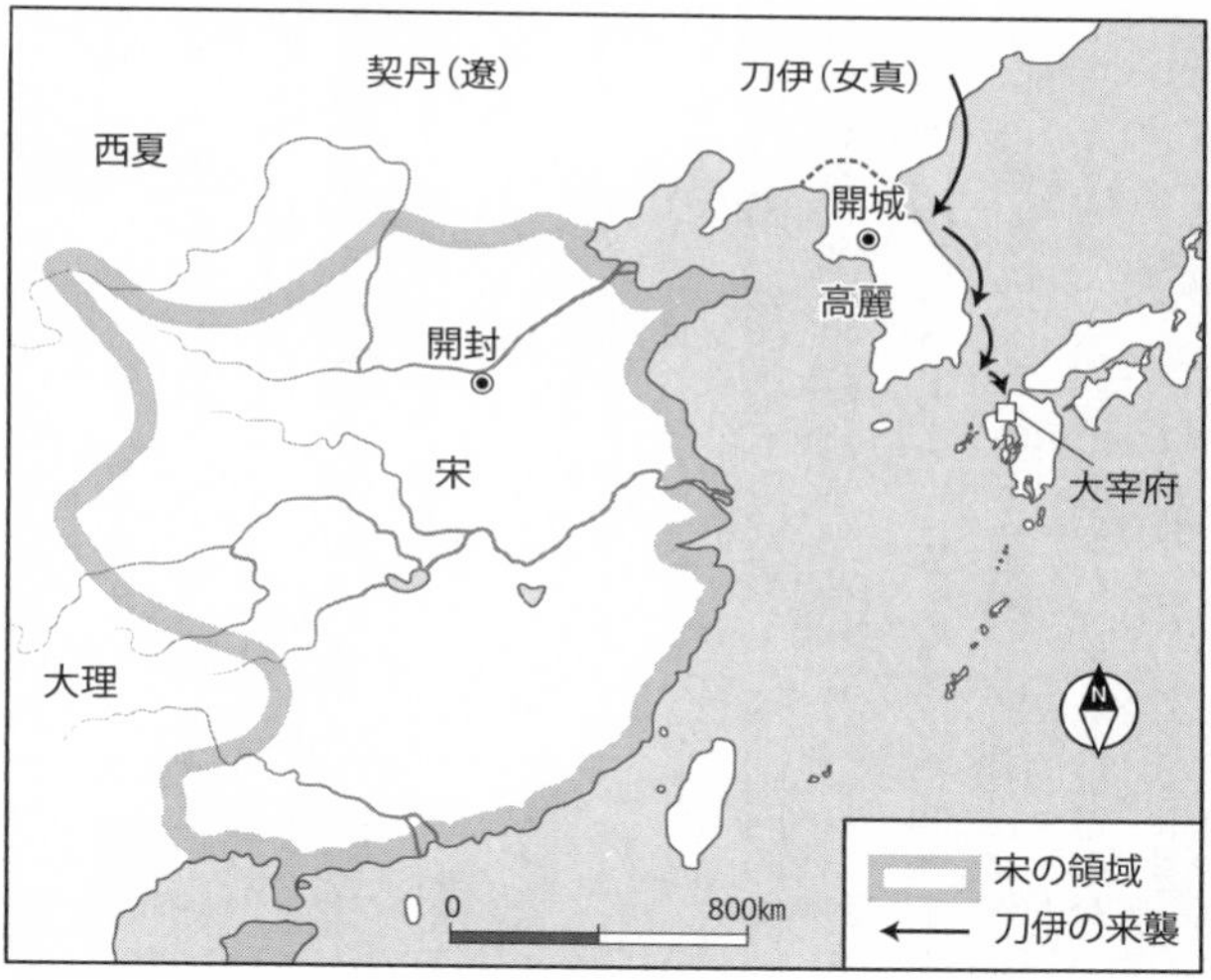

世紀にあっても「新羅ノ警」は海防の中軸に据えられていた。高麗が建国された以後も、わが国の対外姿勢に変化はなかった。

わが国にも、この高麗は建国後に使者を派遣していた。本書の主役のひとり紫式部の少女時代にあたる天《てん》禄《ろく》の頃（九七二年）や永観《えいかん》の時期（九八四年）にも、高麗使が九州に来ている。

当時、大陸にあっては、女真族《じょしんぞく》が国家的統合に向けて勢力を拡大しつつあった。大きく見取図的に説明すると、朝鮮半島を領域とした高麗は、大陸との境界部に当たる鴨緑江《おうりょくこう》を越えてくる二つの勢力に悩まされていた。一つが契丹であり、二つ目が女真だった。前者は遼を建国し、中国の宋王朝と対峙しつつ、高麗へも進攻した。そして後者の女真族はその後に金を建国することになる。その女真族は鴨緑江沿いに居住しつつ、高麗支配下にあったとされる。

大陸における高麗・契丹・女真の三つの勢力のうち、この女真族が半島沿いを南下、日本海を経て対馬《つしま》・壱岐《いき》へ来襲した。「寛平」期の新羅戦とは、比較にならない規模でわが国を襲った。まさしく道長の時代のことだった。この「寛仁」期の刀伊戦は、王朝期のわが国にとっても未曽有の経験となった(この点、拙著『刀伊の入寇』中公新書を参照)。

九世紀末の「寛平」と十一世紀初の「寛仁」の間は、わが国は外交的には遣唐使廃止にともなう「閉」の体系下に位置した。国内的には摂関政治への移行期と重なる段階ということになる。おりしも、対外関係でのこの「寛平」から「寛仁」の段階は、王朝国家が成熟し、それに対応するように藤原氏の摂関体制の確立される時期にあたる。天皇でいえば「寛平」は宇多の、そして「寛仁」は後一条の年号といえる。前者は道真と藤原時平とが対抗する時期で、後者は道長が朝堂の権力を握っていた段階だった。

それでは、東アジア世界の右のような事情をふまえ、国内の政治情勢はどうだったのか。

道長登場にいたる大局をながめておこう。

道長以前――「三平」から「三道」へ

道長の栄華を史実性を加味して描いた歴史物語『大鏡』には、「三平」及び「三道」なる表現が見られる。

「三平」とは藤原時平・仲平・忠平の兄弟たちをさした。彼らは、九世紀半ばの良房《よしふさ》とその子基経《もとつね》の摂関政治を継承した人々だった。基経の子息三人を語呂合わせ風にかく表現したのだった。この「三平」の時代は天皇でいえば、宇多・醍醐・朱雀・村上の時代に対応する。「寛平」期は、既述したように、宇多天皇の年号として知られる。そこに象徴されるものは新羅海賊問題が示すように、対外的な転換点に当たり、国内的にも諸種の政治改革がなされ、律令国家から

【「三平」と「三道」の略系図】

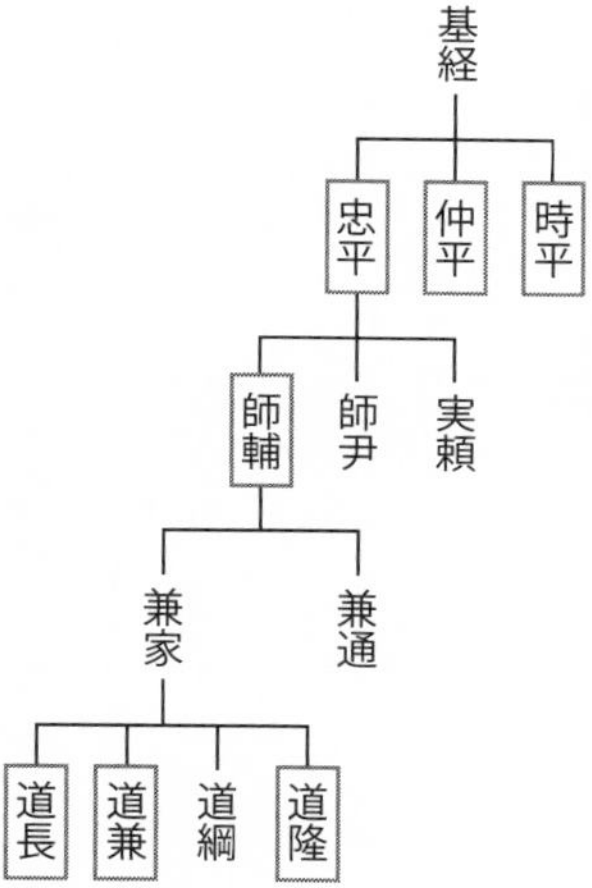

王朝国家へと移り行く段階だった。

天皇号についても、その宇多天皇以後、漢風諡号《かんふうしごう》とは異なる京都内外の地名を冠した追号表記が一般化する。大陸風味の中国皇帝に範を取った天皇名（例えば奈良朝の前後の天《てん》智《じ》・天武《てんむ》、さらに文武《もんむ》・聖武《しょうむ》あるいは孝謙《こうけん》・光仁《こうにん》・桓武《かんむ》）とは異なる、国風（京都周辺の地名）表記が一般化する。

その点では、南北朝時代の北畠親房《きたばたけちかふさ》が『神皇正統記《じんのうしょうとうき》』において、宇多天皇以前を称して、「光孝ヨリ上《かみ》ツカタハ一向上古」と語ったことは、卓見でもあった。光孝《こうこう》天皇は陽成《ようぜい》天皇を廃した藤原基経により擁立された天皇だった。その限りでは光孝の子息・宇多天皇の時代から、その後の醍醐・村上への流れが、著名な新井白石の『読史余論《とくしよろん》』が語る「本朝天下ノ大勢」論でも転換点と解されている。

基経以後からその子息たちにより担われた、時平・仲平・忠平の「三平」の時代は、摂関体制云々からは距《へだた》りもあった。「延喜・天暦」と呼称される表現は、天皇の親政志向が前面に登場したことに因《ちな》んでいたからだ。時平（八七一〜九〇九）〈母は人康《ひとやす》親王の娘〉に関しては、菅原道真左遷事件を画策した人物として知られる。宇多天皇による道真重用策に危機を抱いての行動は、結果として藤原氏の権力掌握の維持に繋がった。一方で、時平は延喜荘園整理の実施に尽力した人物でもあった。

そして忠平については、幼主朱雀天皇の即位で摂政、さらに関白となった。天慶の乱はその忠平の時代の出来事だった。その後、摂関体制はこの忠平の末裔に継承されることになる。いわば「三平」時代の棹尾《ちょうび》を飾る人物であり、「延喜・天暦の治」はこの忠平の関係するところでもあった。

忠平以後、政権の座は実頼・師輔《もろすけ》・師尹《もろただ》の三兄弟へと移るが、このうち外戚関係を確保し、道長をふくめた「三道」時代への道筋をつけたのが、師輔―兼家父子ということになる。「三平」期の忠平以後、師輔―兼家《かねいえ》を経て、「三道」期の道長への道筋は、朝堂を騒がせる大きな事件の連続だった。

本書が対象とするのは、「三平」の政治路線をバトンゾーンで師輔が受け、これを兼家へと渡し、さらに「三道」の道隆・道兼・道長へと継承してゆく時代に当たる。

貴族の一日と一年「九条殿御遺誡」

道長の祖父に当たる藤原(九条)師輔(九〇八〜九六〇)が残した家訓に「九条殿御遺誡《くじょうどのごゆいかい》」なるものがある。十世紀半ばの史料だ。要は貴族としての日常の振舞いや心構えが語られており、「貴族道」なるものの実態を知るための参考になる。公卿たる立場での心構えを知り得る。師輔は道長の祖父に当たる人物で、村上天皇の外戚として権勢を有し、いわば藤原氏隆盛の原点に当たる。

「遺誡」なるものが登場するのは、血脈ある自己の子孫たちに対し、「家」存続のための訓示をする必要からであった。有名なものに宇多天皇の「寛平御遺誡」もあった。帝王学の道筋を語ったものだが、十世紀は「あらまほしき」生き方を、経験にもとづき残す行為が見られ始めた。となれば師輔によりしたためられた家訓も彼ら、公卿・貴族たちに通底する行動意識が語られていると思われる。日常の嗜《たしな》み「日中行事」として語られる「属星《しょくじょう》（自分の誕生の星）」に祈ることから始まり、「鏡での面相」・「暦の吉凶」・「楊枝」・「洗手」（歯みがきと手洗い）・「仏名称誦」（称名《しょうみょう》のこと）と続き、「日記」のことに及び朝食（粥）についても語られている。

そうしたルーティン的日常の所作とは別に、「手足の甲（爪）」を切ることや「沐浴」に関しての作法、あるいは「朝暮の膳（食事）」に関して、暴飲暴食への戒め、身を慎み「手跡」をよく為し、悪縁を引くような「博奕《ばくえき》」などにはかかわらないことも指摘されている。さらに仏菩薩信心を厚くすること等々に及ぶなど、実に細部にわたる注意点が語られている。

以上は個々人の所作や振舞いを列挙したもので、いわば見られていることの自覚と対応が語られている。そのうえで、師輔は自己が依拠する貴族世界の精神性についても語っている。そこには君への「忠節」、親への「孝行」といった儒学的徳目も含めた、人間関係の倫理上での行動指針が指摘されている。そこには「貴族道」とおぼしき理想的規範が伝えられている。

「安和の変」の背景をなすもの

「偶然」か「必然」か、あるいは「蓋然《がいぜん》」か。およその歴史的出来事の要因はこの三つのいずれかだとされる。多くは最後の「蓋然」性に由来する。道長という稀有の権勢家の登場も、それが大きい。個人的資質も権力者たることの条件だが、その資質を開花させた前提も重要だ。その点で、安和《あんな》二年（九六九）に起きた安和の変は、道長への権力の道筋を準備させる画期となった。

この事件で失脚したのは、政界のサラブレッドで醍醐天皇の子息の源高明《たかあきら》だった。当時、左大臣の高明は、その娘婿に村上天皇の為平《ためひら》親王をむかえていた。北家藤原氏の専権強化の立場にとっては、高明―為平ラインは、警戒を要した。その高明・為平親王勢力が排除された政変のことである。『日本紀略』や『大鏡』『愚管抄《ぐかんしょう》』などからうかがえる背景は、以下のようなところだ。

①為平親王は、冷泉《れいぜい》天皇の東宮の候補だったが、藤原氏は康保《こうほう》四年（九六七）に冷泉の弟の守平親王（円融《えんゆう》天皇）の立太子を成功させていた。だが、病弱の冷泉天皇の譲位後の東宮候補問題について、不安を残していた。為平の東宮実現への不安であった。高明が外戚となる道が濃厚となるからだ。

②当時、藤原氏内部にあって道長の父兼家は、娘の超子《ちょうし》を冷泉天皇に入内《じゅだい》させていた。伊尹《これただ》も娘懐子《かいし》を同じく冷泉天皇に入内させ、師貞《もろさだ》親王（花山《かざん》天皇）が誕生していた。冷泉天皇入内組の兼家や伊尹にとっては、為平親王の存在は脅威となる。

③かくして冷泉天皇の後継守平親王（円融天皇）即位後の東宮の行方が問題とされ、左大臣源高明の失脚が企てられる。それにともない、為平の皇位継承資格の喪失も謀られた。

事件は次のような経過をたどった。安和二年三月二十五日、左馬助源満仲の密告がなされた。これにより高明の大宰府への左遷が決せられ、併せてこれに与同していたとして、藤原千晴の隠岐《おき》配流《はいる》の措置がなされた。右に登場する密告の首謀者の源満仲と配流された藤原千晴は、ともども天慶の乱での功臣の血筋に属した。

後にもふれるように、「安和の変」は中央政界での皇位継承にかかわる政変であったことは動かないとしても、都鄙《とひ》を問わず台頭しつつあった王朝武者たちの帰趨《きすう》を決める事件ともなった（この点は「Ⅳ　再びの王朝時代の諸相」を参照）。

外戚専権の裏舞台

この安和の変は、藤原氏の他氏排斥の最後の事件として位置づけられる。道長の登場に引きつけるならば、二つの面で注目される。一つはこの政変により藤原北家と対抗し得る勢力が消えたこと。そして二つ目は政変以後、藤原氏による外戚専権のシステムが確立されたことだ。

前者は藤氏以外の源氏系に代表される他氏に向けられた、競合関係に終止符が打たれたことだった。そして後者は、藤原北家の専権が外戚関係を介し、完全に定着したことだっ

【天皇と九条流の関係】
＊数字は皇位継承順

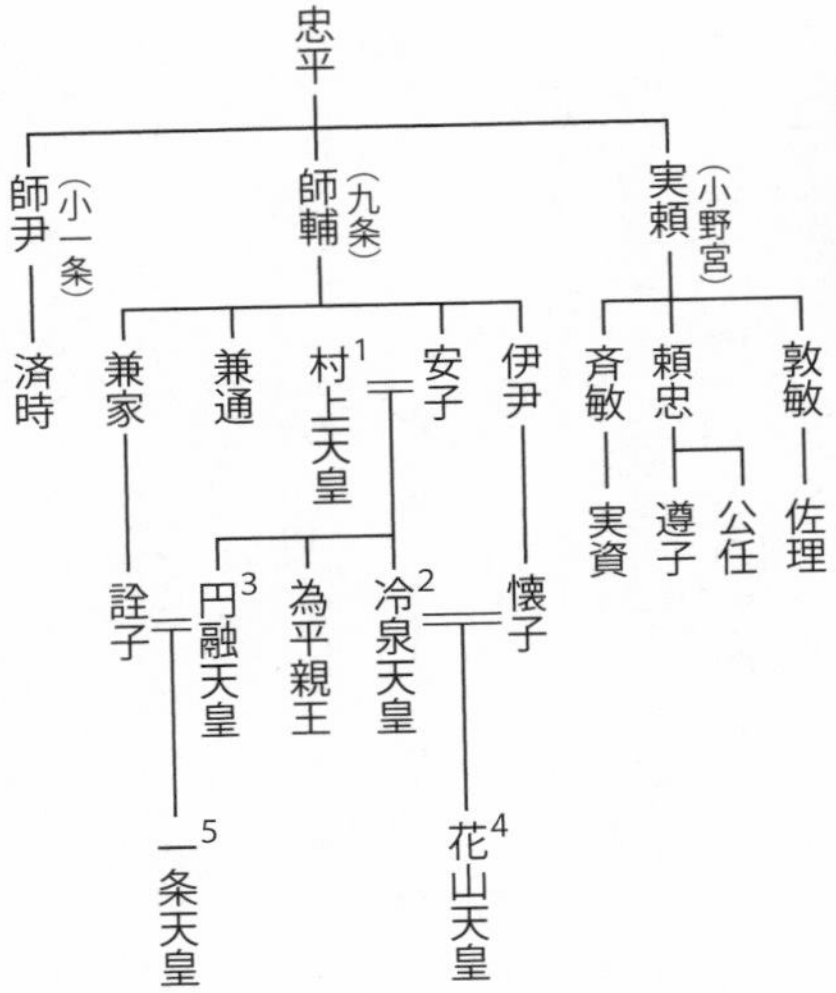

た。その点では外戚専権の始発として、記憶されるべき事件だった。

　ちなみに、この事件の首謀者として取沙汰されるのが「九条殿（師輔）ノ子ドモ三人」（『愚管抄』巻四）ということになる。彼らがこの事件の引き金を引いたとすれば、「三道」時代の到来を可能とさせた一人として、藤原兼家の存在は大きかった。彼は『大鏡』の「法興院ノ怪」の逸話からも知られるように、胆がすわり剛胆なところがあった人物だった。藤氏専権に向けて、仕懸ける力量を有していたともいえる。

　兼家は、二人の女子（超子、詮子《せんし》）の入内を実現していた。超子については冷泉天皇との間に居貞《いやさだ》（三条天皇）・為尊《ためたか》・敦道《あつみち》親王を誕生させた。そして詮子も十八歳で円融天皇に入内、懐仁《やすひと》親王（一条天皇）を生んだ。兼家の二人の娘はともどもが〝国母《こくも》〟ということになる。

彼女たちの母は摂津守藤原中正《なかまさ》の娘時姫《ときひめ》であり、道隆・道兼・道長たち「三道」もこの時姫を母とした。ちなみに兼家の長女超子が冷泉天皇の女御《にょうご》となったのは、兼家が蔵人頭の時代だった。公卿になる以前に、その娘が女御となったのは、兼家が初めての例であり、今風にいえば、〝持っている貴族〟だったともいえそうだ。

安和の変で藤氏専権への道筋が手繰り寄せられた。兼家は同母兄の兼通《かねみち》とは折り合いが悪く、一時失意の時期を過ごしたが、二人の子女を両天皇の後宮へ入れ、皇子を誕生させたことで、彼は外戚競争で勝利を手にする。

共存から競争へ

この安和の変は王家（天皇家）との血縁に関しては、藤原北家以外の他氏がこれに絡む流れを消滅させた。見方を変えれば、藤氏内部で働いていた他氏対抗のための共存・共生の原理は意味を失った。これにかわって藤氏内部での競合・競争の原理が生じる。外戚確保に向けての一門・一族の激しい抗争である。

安和の変は、そうした〝外〟への激しいエネルギーを、〝内〟に転換させる契機となった。それだけに藤氏内部での一族競合は激しさを増し、同族内部での疑心や反感をつのらせた。当該期の怨霊譚の多くが入内競争に敗れた、敗者たちがストーリー化されたものだった。そうした面はあるにしろ、兼家から「三道」時代にかけての、摂関常置の到来は、一族間での際限のない競争関係を、止揚する方向も有していた。

摂関体制というシステムの本質には、天皇個人を権力から解放、権威体として象徴化させるという側面もあった。さらには藤原氏内部での対立・競合を解消し、政治権力の統合化に向けての秩序の再構築という面もあったと考えられる（この点は「Ⅳ　再びの王朝時代の諸相」も参照）。

貴族の一年

摂関期の日記としては、本人の『御堂関白記《みどうかんぱくき》』や小野宮《おののみや》（藤原）実資の『小右記』、さらには藤原行成『権記《ごんき》』がよく知られている。そうした日記には、日常的な「褻」（ケ）の出来事とともに非日常的な「晴」（ハレ）の儀式にまつわる記事も多い。朝堂での年中行事は、まさに後者にかかわる。

ちなみに平安期の暦（太陽太陰暦）は、月の満ち欠けで一日の長さが決められた。一月《ひとつき》は二十九・五日。だから一年の合計は三百五十四日とされる。現在の太陽暦での三百六十五日とは十一日の差が生ずることになる。そのため旧暦では一年十三か月となるよう〝閏月《うるうづき》〟を設け、太陽暦との調整がはかられていた。その暦に従って立春から大寒にいたるまで二十四の節気《せっき》が設けられていた。

貴族たちの年中行事も春（一月〜三月）・夏（四月〜六月）・秋（七月〜九月）・冬（十月〜十二月）の四季で構成された。以下、文学作品にしばしば登場するものを列記する。

春―正月――元日節会《せちえ》、白馬《あおうま》、節会、県召除目《あがためしじもく》
二月――祈年祭《としごいのまつり》、大原野祭、春日祭
三月――曲水宴《きょくすい》、三月節会（桃ノ節句）、石清水臨時祭
夏―四月――灌仏《かんぶつ》、稲荷祭、平野祭、賀茂祭《かものまつり》
五月――五月節会（菖蒲《しょうぶ》の節句）
六月――祇園の御霊会《ごりょうえ》、大祓《おおはらえ》

秋—七月——七夕、盂蘭盆会《うらぼん》、相撲《すまい》の節会

八月——北野祭、石清水放生会《ほうじょうえ》

九月——重陽会、伊勢例幣

冬—十月——射場始《いばはじめ》、維摩会《ゆいまえ》

十一月—新嘗祭《にいなめさい》、豊明《とよのあかり》節会

十二月—追儺《ついな》の儀

（以上は橋本義彦『貴族の世紀』及び池田亀鑑《きかん》『平安時代の文学と生活』参照）

Ⅱ

藤原道長の章

王朝時代の諸相という〝外堀〟をへて、いよいよ本書の中心である道長及び紫式部その人を語る場面となった。素材は充分すぎる程あるものの、王朝期を代表する二人の男女をどう料理すべきか。そこは歴史学の王道ともいうべき時代という大舞台を借りながら語ることが、まずは肝要だ。

この「Ⅱ　藤原道長の章」では、摂関政治を隆盛に導いたこの人物についての権勢・権力を叙するにしても、彼個人のファミリー・ヒストリーについて、まずは整理することが必要だろう。併せて道長の足跡を年代記風に語りつつ、政変史と絡め検討することも問われる。時代の風の〝つかみ方〟を知るために、説話や逸話にかかわる内容も加味しながら、道長の生きた時代を耕したい。

一　道長の周辺——「権門」貴族の群像

道長にもあった〝はばかりの関〟

ここで前にふれた「貴族道」云々《うんぬん》について想い出してほしい。藤原実方《さねかた》は宮中での暴力トラブルで陸奥《むつ》へと左遷されたとされる。その実方には人間関係の煩わしさからの解放を願うべく詠じた次の歌がある。

やすらはで　思ひ立ちにし　東路《あずまじ》に　ありけるものを　はばかりの関

道長と同時代の実方は、白河関を越えた陸奥にこそ人的煩わしさから解放された理想郷があると期待した。けれども期待した「はばかり」無き人間関係は望めなかったようだ。現実の人間関係の煩わしさが、この歌のポイントとなる。

ならば、〝無敵の人〟とも思われる道長にも「はばかりの関」に該当する場面は、あったのであろうか。つまりは人間関係での〝煩わしさ〟の壁である。

権勢を手中にした当の道長とて、当初から順風ではなかった。人事面での〝はばかる〟べき人間関係はあった。中関白家《なかのかんぱく》（平安中期の関白藤原道隆を祖とする一族のこと）も、そうであった。後述するように道長の兄道隆の家筋との確執は、身内とはいえ、超えねばならない〝はばかり〟の関係だったのかもしれない。

道長は兼家《かねいえ》の五男にあたる。嫡妻時姫を母としつつも、道長の氏長者《うじのちょうじゃ》への道のりはさほど近いわけではなかった。同母の兄には道隆が、そして道兼もいたからだ。「三道」ながら、庶子たる道長が兄たちを超えることは難しい。その超え難い壁が兄たちの死去という偶然によって崩れ、新しい展望が拓けた。道長の政治的手腕とは全く無関係に、待つことにより拓かれた〝新なる道〟だった。とはいえ、その道は必ずしも平坦ではなかった。

道長が政界に躍進するのは、彼が三十代に入ってからだ。その契機となったのが長徳《ちょうとく》の変だった。〝はばかるべき関〟が消えてしまった奇妙な事件でもあった。「勝チニ不思議ノ勝チアリ」（江戸期の松浦静山の名言）の表現にそぐう事件でもあった。甥たちにあたる伊周《これちか》と隆家が従者に指示して起こした、花山院《かざんいん》への意趣を含んだ闘諍《とうじょう》事件だ。真相は伊周が自分の妾妻のもとに花山院が通っていると勘違いしたことで、勃発したトラブルだった。

これが表沙汰になり、伊周がその軽率な行動から配流《はいる》された。中関白家との関係にあっては、道長自身の関与は不明だった。この事件が道長の権力中枢への追い風となったことは間違いなさそうだ。その点では「勝チニ不思議ノ勝チアリ」の表現が似つかわしい出来事でもあった。

中関白家一族との〝はばかり〟関係は、伊周の弟隆家についても同様だった。隆家は「刀伊《とい》の入寇《にゅうこう》」にさいし、率先して戦った豪胆な貴族であり、『大鏡』が語る場面でもわかるように、道長も気難しい隆家を苦手とした。

隆家が道長の土御門《つちみかど》邸に招かれたことがあった。寛弘《かんこう》元年（一〇〇四）あたりのことだ。宴の最中、ホスト役の道長は無礼講でくつろぐことを伝えた。厳格な態度を崩そうとしない隆家に一族の公信《きんのぶ》（藤原師輔の孫で、為光の子）が装束の紐を解かれそうになり、立腹する場面があった。「隆家は不運なることこそあれ、そこたちにかやうにせらるべき身にもあらず」（不運なことが重なった自分だが、お前たちにそんな振舞いをしてもらう立場じゃない）と言い放ち、場が白けたという。

そんな扱いにくい隆家にホストの道長は、気転を利かせ〝まあまあ私が紐をお解きしますから〟とにこやかに対応、事無きを得たとある（〈道隆伝〉）。まさに〝はばかる〟べき相手と意識しつつも、道長は「如才無く」行動する力量もあったようだ。このあたりに道長の真骨頂があった。

セクハラ・コード

『大鏡』は他にも道長についての逸話に事欠かない。いささか後付け的な〝権力者秘話〟の感がないでもないが、〈兼家伝〉に登場するものだ。三条院の東宮時代の長徳三年（九九八）の頃のこと、道長の異母妹綏子《すいし》は東宮の元服直後に「添臥《そいぶし》」の役を与えられた。ところがその綏子は源頼定（父は村上天皇の第四皇子・為平《ためひら》親王）と密通の結果、懐妊との噂が広まる。

東宮だった三条院は綏子に想いを懸け、綏子にまつわる噂の真偽を道長に依頼する。道長の三十代前半の頃のことだ。内侍の地位を与えられていた彼女は、宮中から里第《りてい》へ身を移していた。そこに東宮の使者の道長が訪れ、東宮からの伝言を示すが、要領を得ない綏子の態度をいぶかり、力任せに彼女の装束に手をかけ、強引に乳房に触ると乳がかかったとある。

原文では「御胸をひきあけさせたまひて、乳《ち》をひねりたまへければ……」とある。常軌を逸した道長の行為で、〝論より証拠〟とばかりに、東宮にありのままを報告したという。さしずめ今日ならば明らかな〝セクハラ〟行為にちがいない。東宮の要請によるとはいえ、身内の不祥事であり、そこは〝穏便に〟との判断がはたらいたとしても、不思議ではなかった。けれども白黒を明確にする性格によったものか。道長は使者としてその任を果すべく、事実を三条院に報告した。東宮の側でも、そんな道長の生真面目さを知っての使者の派遣だったのかもしれない。

闇夜の胆試し

『大鏡』〈道長伝〉が伝える道長の逸話で有名なものをもう一つ。この話は花山天皇も登場する。三道の一人道兼に謀られ、後述するように、花山寺（元慶寺）で出家させられた（寛和《かんな》の変）。あるいは伊周・隆家の誤射事件（長徳の変）でも顔をのぞかせた人物だ。その花山院、そして道長をふくむ三道たちの若き頃の話だ。

寛和元年（九八五）五月下旬の闇夜のことだ。花山院は道長たち三兄弟に胆試しを吹きかけたという。現代と異なり闇が闇としてあった当時は、物怪《もののけ》・鬼神は王朝人たちの日常とともにあった。

長兄の道隆は豊楽院《ぶらくいん》、道兼は仁寿殿《じじゅうでん》、そして道長は大極殿《だいごくでん》と行き先が決められた。もともとが花山院の遊興心からの発案だった。兄の二人はその申し出に腰が引けていたようで、乗り気ではなかった。けれども末弟の道長だけは「いづくなりともまかりなむ」（どこへでも参りましょう）と、動揺する様子もなく、天皇の挑発をしっかりと受け止める。三人は天皇からの発案でもあり、指定の場所へと、ともかく向かうことになる。

道隆は右衛門府の陣まで我慢したが、ついに内裏《だいり》の西側にあたる宴《えん》の松原までが限界だった。文字通り、疑心が暗鬼を生み出したためか、堪え切れず引き返したとある。宴の松原は宜秋門《ぎしゅうもん》の外にあり、以前に若い女性が鬼に食われたとの風説があった場所だった（『今昔物語』巻二十七―八）。

次兄の道兼はといえば、彼は紫宸殿《ししんでん》と仁寿殿の間までは震えつつ赴くが、途中で物怪とおぼしき巨人の影に出くわし、これまた引き返すことになったという。

そして道長である。彼は指示された承明門から出て、大極殿へと赴き、「いとさりげなく」戻ったという。それればかりか高御座《たかみくら》の南側の柱の下部を削り取り、証拠として持参するという念のいれようだった。

道長の人となりを、うかがうことができるエピソードといえそうだ。『大鏡』が伝える

【内裏部分図(仁寿殿・豊楽院・大極殿)】

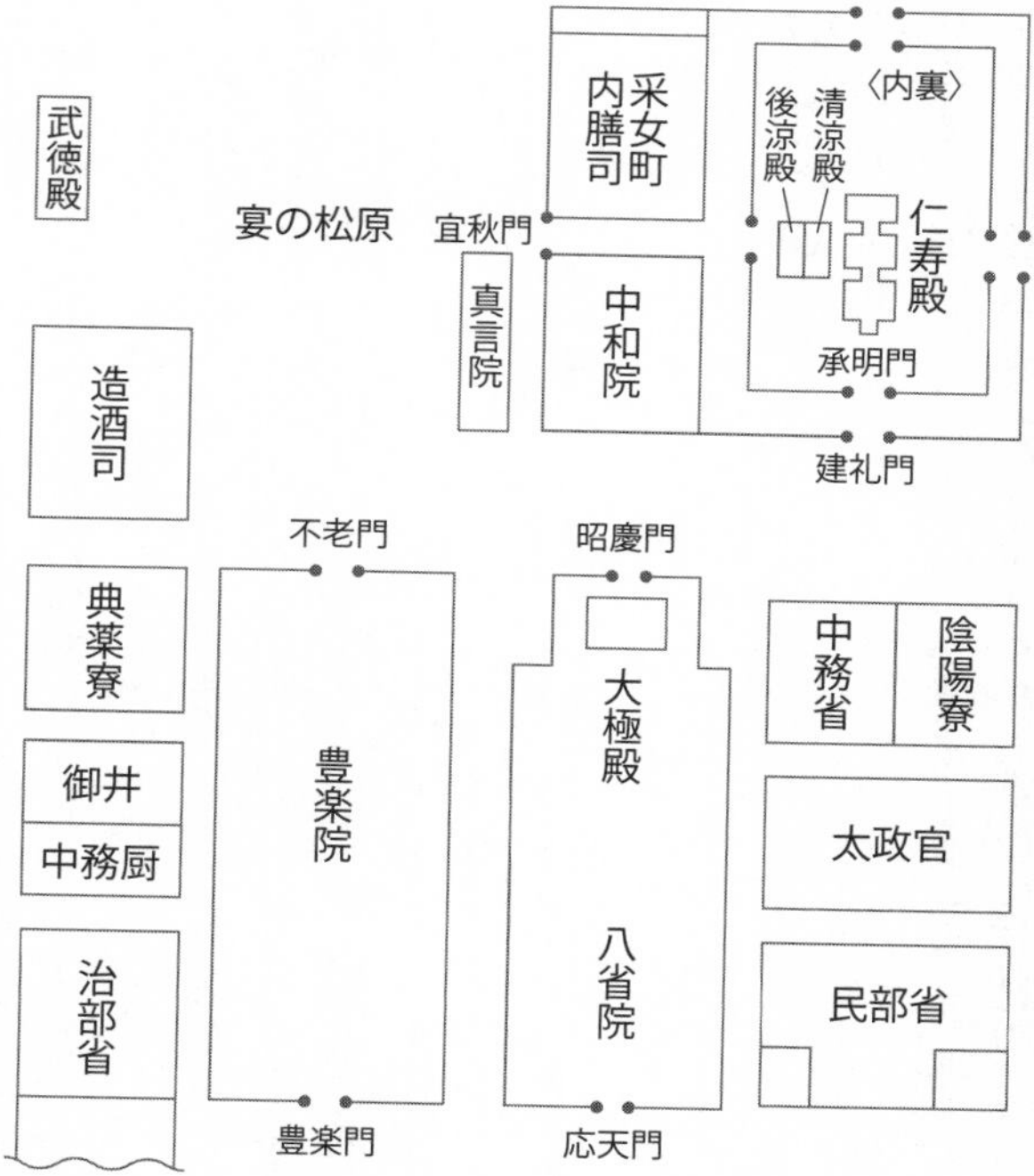

道長にまつわる逸話は、ある程度の史実を下敷きとしたものだろう。豪胆云々でいえば、「貴族道」の模範というべき人物に藤原公任《きんとう》がいた。のちに道長政権下で四納言《しなごん》の一人に数えられる人物で、道長の父兼家なども出来の良いこの人物には、一目置いていた。兼家はわが息子たち三人に対し、その公任の優秀さを大いに褒めそやしたことがあった。「いかでかかからむ。うらやましくもあるかな。わが子どもの、影だに踏むべくもあらぬこそ口惜しけれ」(どうしてあのような諸芸に達しているのか。うらやましい。わが子どもたちが公任殿の影法師さえ踏めそうもないのは残念だ)〈道長伝〉。これに対し、若き道長は、身を縮めている兄たちとは対照的に、〝影は踏まずに面を踏んでやる〟と高言したという。

道長にまつわる逸話について紹介した。以下では史実に即して道長の足跡に話を進めよう。

京都から東京へ

蛇足ながら内裏(皇居)と大内裏(官衙《かんが》群)という構成は、明治の王政復古により、都が東の京、すなわち「東京」へと変更されたおりでも、観念的に継承された。かつての将軍の居所江戸城(西ノ丸)は皇居とされ、今日に至っている。その江戸城の周辺の大名屋敷は、今日「霞が関」とされ中央官庁が群立している。それは江戸を東京と改称し、京都の内裏—大内裏の疑似空間を江戸城（皇居）＝内裏—その外部の霞が関＝大内裏に撰定したことの結果だった。近代の王政復古のなかで、かつての古代帝都での疑似空間の投影のされ方を、考える素材となりそうだ。

江戸の将軍に代わるべき新たな主役たる天皇の居所が、千代田（江戸）城に定められたことの情景とともに、維新政府が王政復古に対応した官衙郡を、その膝下の内堀の外辺（虎ノ門・霞が関）に設定し、大内裏的機能の演出を試みていることは、時空を超えた面白さもあるはずだ。

道長のブレーンたち——四納言

〝敵半分、味方半分〟とは人生訓として知られている言葉だろう。肉親の多くは内にあって文句なしの味方なのだろうが、外にあっては敵も少なくない。特に政権の中枢にいた道長は当然だった。道長の天運は有能なブレーンたちに囲まれたことだった。

四五頁の系図をご覧いただきたい。そこに示した藤原斉信《なりのぶ》・藤原行成《ゆきなり》・藤原公任に源俊《とし》賢《かた》を加えた四名は世に「四納言」と称され、一条朝から後一条朝にかけての逸材として知

【平安京内裏図】

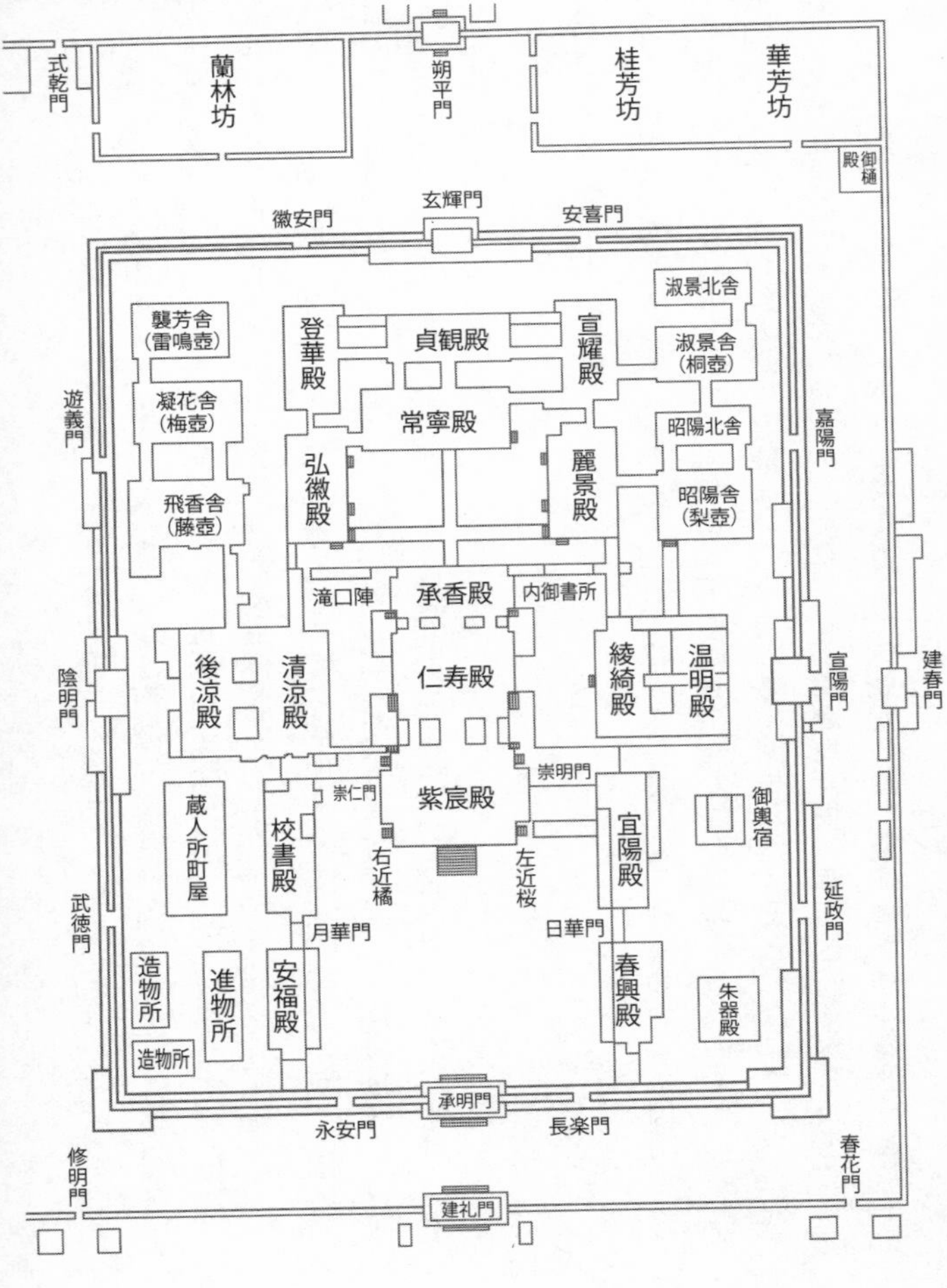

式乾門
蘭林坊
朔平門
桂芳坊
華芳坊
御樋殿
玄輝門
徽安門
安喜門
淑景北舎
襲芳舎
(雷鳴壺)
登華殿
貞観殿
宣耀殿
淑景舎
(桐壺)
遊義門
凝花舎
(梅壺)
常寧殿
昭陽北舎
嘉陽門
弘徽殿
麗景殿
飛香舎
(藤壺)
昭陽舎
(梨壺)
滝口陣
承香殿
内御書所
後涼殿
清涼殿
仁寿殿
綾綺殿
温明殿
陰明門
宣陽門
建春門
崇明門
崇仁門
紫宸殿
御輿宿
蔵人所町屋
校書殿
宜陽殿
右近橘
左近桜
武徳門
延政門
月華門
日華門
造物所
進物所
安福殿
春興殿
朱器殿
造物所
承明門
永安門
長楽門
修明門
春花門
建礼門

られる。「和漢ノ才ニミナヒデテ、ソノ外ノ能芸トリドリニ人ニスグレタリ」（みな和漢の才に秀でており、その他の芸能もいろいろと他者よりすぐれていた）（『愚管抄《ぐかんしょう》』巻四）と指摘されており、彼らをその出自を前提に適材適所へ配置したというのも大きかった。要は「人を得た」ことである。

俊賢の母は藤原師輔《もろすけ》の娘で、父は左大臣の源高明《たかあきら》である。安和《あんな》の変での犠牲者でもあった。高明の娘明子《めいし》は、道長の第二夫人でもあった。俊賢については「イササカモアシキ意趣ナカリケリ」（わずかなりとも悪意がなかった）（『愚管抄』巻四）として、父の左遷の件で道長の家系を憎むことはなかったという。道隆により蔵人頭《くろうどのとう》に抜擢され、道長時代にも順調に出世、治部卿《じぶきょう》・権大納言《ごんだいなごん》となり、万寿《まんじゅ》四年（一〇二七）、道長と同じ年に死去した。道長よりは六歳年長の六十八歳だった。

斉信は藤原為光の二男。大納言・民部卿《みんぶ》を歴任し詩歌の才にも秀れ、公任との清暑堂《せいしょどう》（大内裏豊楽院の後方の殿舎）での御神楽《みかぐら》の拍子《ひょうし》取りにさいし、誤りなくこなしたことの逸話（『古事談』巻二）からもうかがえるように、几帳面な性格だった。そうした堅物さが敬遠された節もある。宮中の女房のセンサーに適合するのも難しいようだ。

行成は能書家として有名だろう。実方中将との殿上《てんじょう》での争いの一件もふくめ、多くの逸話が残されている。清少納言も、堅物ながら行成については、それなりに評価は高い。彼は「士ハ己ヲ知ル者ノタメニ死ス」を信条としたという。そんな行成の振舞いに地獄の冥官も、死期を延ばすほどの正直者だった（『古事談』巻二）。万寿四年（一〇二七）、五十六歳で死去している。道長よりは六歳ばかり年下だった。

そして公任だ。藤原頼忠の長男で有職書『北山抄《ほくざんしょう》』の著作でも知られる。二十七歳で参議となり、斉信とは官位で競合を演じた。詩歌管弦さらに故実典礼にも通じ、「貴族道」の体現者と目される点では、行成と同様だ。道長とは同い年であり、一目置かれていた。『大鏡』〈頼忠伝〉には、道長が大堰川《おおいがわ》での船遊びの折、作詩・音楽・和歌の三つの船に人々を分乗させたことがあった。道長はいずれの道にも秀でていた公任のことを気にかけ、「公任はいったいどの船に乗るのか」と問うたという。ここでは、公任の学識・才能には道長は気を遣ったようだ。

「毒瓜」説話の読み解き

以下の説話は、道長の個性云々というよりは、道長の取り巻き・ブレーンがおりなす逸話についてのものだ。

原文は省略して、例により超訳のみで骨格を示す。

御堂関白《みどうかんぱく》道長が物忌《ものいみ》のおり、解脱寺《げだつじ》の僧正観修《かんしゅう》、陰陽師《おんみょうじ》の安倍晴明《あべのせいめい》、医師の丹波忠明《たんばただあき》、武士の源義家らが、ともに道長邸に参集することがあった。五月初に南都（奈良）より道長のところに「早瓜《はやうり》」が献上されてきた。道長は「物忌」の最中でもあり、瓜を受け取ることはどうか、とのことで、この件を陰陽師の清明に占わせたところ、そのなかの一つの瓜に毒気があることが判明する。そして僧正の観修が加持・念誦をほどこしたところ、瓜はにわかに動きだしたという。そこで今度は医師の丹波忠明は毒気除去のため瓜の二カ所に針を立てたところ、瓜の動きは止まったため、最後に武士の義家にその毒瓜を腰刀で割らせたところ、頭を切られた蛇が出て来たという。

こんなストーリーである。道長にまつわる説話として、『古今著聞集』には「名を得たる人々の振舞かくのごとし、ゆゆしかりける事なり」（巻七「術道」）と伝えている。ここには「術道」のプロたちが道長の物忌のおりに集い、主人の道長の危機を察知し救ったとの流れだ。南都からの「早瓜」云々はいかにもありそうだし、そこに政治の中枢の道長へ敵対する勢力からの仕懸けがというのは、これまたありそうな話なのだろう。

それはそれとして、当該説話はいささかファンタジー風な内容であることもたしかだ。そこには権力者（御堂関白）道長の側近グループによる主人の救済譚という流れが、読み取れるはずだ。毒気を見抜き、それぞれの術道のプロが主人道長にふりかかる災いを、回避させたという内容だろう。

物忌とは、物怪に悩まされた者や神仏の諸行事に携わる者が、ある場所に籠り一定の期間禁欲的生活をすることで、自らを浄化する行為とでも説明できる。

ここに登場する晴明は道長時代の著名な陰陽師で、『今昔物語』をはじめ種々の説話にしばしば登場する。一条戻り橋に住し、天文博士として「式神《しきがみ》」（陰陽師の使者たる鬼神）を自由にあやつったことでも知られる。解脱寺観修も道長が帰依《きえ》した修験僧で、解脱寺は道長の姉東三条院詮子《せんし》の創建にかかる。そして丹波忠明は当代の名医としてこれまた著名な人物で典薬頭だった。祖父の康頼は『医心方《いしんほう》』の著者としても知られる。さらに腰刀で毒瓜の切断をなした義家は、いわずと知れた武将で、前九年・後三年の合戦で活躍した。

ただし、この義家は時代的には十二世紀の人物で、他の三人に比べ齟齬《そご》がある。道長時代の武人・武者でいえば、その侍として「兵受領《つわものずりょう》」源頼光が知られる。酒呑童子《しゅてんどうじ》説話でも著名なその頼光あたりが、妥当なところかもしれない。

右の説話では、四人の術道のプロは各職能を駆使しつつ、相互に協力しながら瓜の「解毒」に一定の役割を演じたことになる。

四人は「占い」→「加持」→「針」→「刀」という手段を介し、御堂関白道長の危機を救ったという流れだろう。ここで想起されるのは、以前にもふれた王朝国家期を特色づけた、請負制のシステムだ。権力の中枢の道長を国家の中軸として置き換えるならば、陰陽師・修験者・医師・武者に代表される「術道」の持ち主が、家々に伝える職能を介し、敵対勢力を排するシステムの在り方が、代弁されているとみなすことも可能だ。

それでは、当説話の材料となり得る史実があったのか。そのあたりを少し探っておこう。

毒瓜説話のモデルはあったのか

道長呪詛事件と似たものはあった。寛弘六年（一〇〇九）のことだ。道長の権勢が確立される時期で四十代半ばの頃だろうか。この年の正月末、一条院内裏から摩物《なでもの》（祈禱などの際に用いられる道具）が見つかり、伊周ら中関白家の関与が疑われた。この年の前年には彰子《しょうし》が敦成《あつひら》親王（後一条天皇）を生み、道長の外戚確保へのカウントダウンが開始されようとしていた。

摩物による呪詛の件は、道長その人よりは敦成親王をターゲットにしたのだろう。この件については、関与した陰陽師を喚問、その後に加持・祈禱などの呪詛の疑いで、法師の円能なる人物が捕えられたという。円能を拷問したところ、伊周らの家人で越後守《えちごのかみ》の経験を有した源為文、さらに伊予守《いよのかみ》佐伯公行《さえきのきんゆき》の妻光子の陰謀であることが判明した。特に光子の姉貴子は道隆の嫡妻の立場にあった。貴子は伊周・隆家・そして定子の母でもあり、中関白家の外戚確保に執念を持っていた。亡き定子には敦康《あつやす》親王が長保《ちょうほう》元年（九九九）に誕生しており、高階《たかしな》一族にとっては、この親王への期待が大きかった。その点で、道長にとっても敦良《あつなが》親王を得て、寛弘六年前後は〝伸るか反るか〟の分岐点であった。

例の毒瓜説話は、この出来事をモデルにしたとは断言できないまでも、道長自身、厳しい環境にあったことは否めないようだ。

安倍晴明と一条戻り橋

毒瓜譚で顔を見せる安倍晴明については、「寛和の変」として知られる花山院出家事件にも関係した。『大鏡』〈花山天皇紀〉では晴明が念力で天皇の出家を察知したとある。陰陽道のエキスパートの晴明は花山天皇の出家の件を予知したという。道長の兄道兼に付き添われ、天皇が元慶寺へと赴く途中、晴明の家を通過したおりに、居ながらにして退位の件を予知したとある。晴明は即座にこの変事を「式神」を駆使して内裏に伝えたが、時すでに遅く、天皇は出家してしまったというものだ。

ちなみに晴明の居宅は、一条戻り橋にあったとされる。堀川一条にあったこの橋は、正式には土御門橋といわれた。ちなみに晴明を祖とする土御門家は後世には陰陽道や修験道を統括する家系となる。土御門家は、この霊的威力を職能とした。中世の軍記『源平盛衰記』にも、その一条戻り橋の由来が語られている。

そもそも橋が有した観念には、時空を超えた異次元の世界との媒介（橋渡し）的機能があったとされる。彼岸《ひがん》と此岸《しがん》の懸け橋である。異界との境もその橋に由来した。〝交信・交感〟の場だ。さらにいえば、有縁的世界と無縁的世界の繋《つな》ぎだった。余談ながらかつて〝捨て子〟を橋の下に置くことがなされた。橋の河原は無主無縁の場であり、親が我が子を貧困の故に捨てざるを得ない状況下で、橋が有した無縁的観念があったことによる。

二　道長のファミリー・ヒストリー

道長の妻たち

一般に道長以後の家系は「御堂流《みどうりゅう》」と呼ばれる。その御堂流・道長以前、長子たる立場で家督を相続したケースは少なかった。「三平」の一人、忠平は基経《もとつね》の長子ではなかった。続く、師輔・兼家いずれも長子ではない。そして道長も同様だった。道長以前、その母たちの出自を見るとわかるのは、受領の娘が目立つことだ。当の道長の母、すなわち兼家の妻は時姫と通称された女子で、前述したように摂津守藤原中正の娘だった。

また、道長には同母兄の道隆・道兼とは別の異母兄道義・道綱もいた。道綱の母は有名な『蜻蛉日記《かげろう》』の作者であり、同様に受領の娘だった。道長以前でいえばルーツの冬嗣《ふゆつぐ》─良房《よしふさ》─基経と伊尹《これただ》・兼通《かねみち》・兼家三兄弟─道隆・道兼・道長の三兄弟と五代にわたって受領の娘を母とした（例外は時平・忠平兄弟及び実頼・師輔兄弟で、王女や大臣の娘などが母）。

その点からすれば、受領の娘には摂関に繋がる上層公卿《くぎょう》との婚姻をなす、機会が用意されたともいい得る。だが、道長以後、天皇との外戚関係の固定化にともない、婚姻圏は限定される傾向が見られる。

そのあたりは道長が迎えた二人の妻と、その両人に誕生した子女たちからも了解されるはずだ。

高松殿倫子の子女たち

嫡妻の源倫子《りんし》から見ておこう。倫子との結婚は、永延《えいえん》元年(九八七)、道長二十二歳の頃だ。倫子の父雅信は当時左大臣で、宇多《うだ》天皇の孫にあたる(宇多源氏)、プライドも高かった。道長は当時従三位《じゅさんみ》左少将の駆け出し公卿の地位に過ぎなかった。そのため道長との結婚にさほど積極的ではなかったという。このあたりは『栄花物語』〈さまざまのよろこび〉にもくわしい。

倫子の母は「コノ君、タダナラズ見ユル君ナリ」(なかなかの人物です)と確信し、「ワレニ任セタマヘレカシ」(この話は私にお任せ下さい)と断言し、婚儀がなされたという。つまりは道長は倫子の母に強く信頼され、将来性を見込まれての結婚だった。父雅信の官歴へのこだわりに比べ、母の人物本位の立場が優先されたのだった。道長は兼家の五男の

【摂関期婚姻関係図】

＊数字は皇位継承順

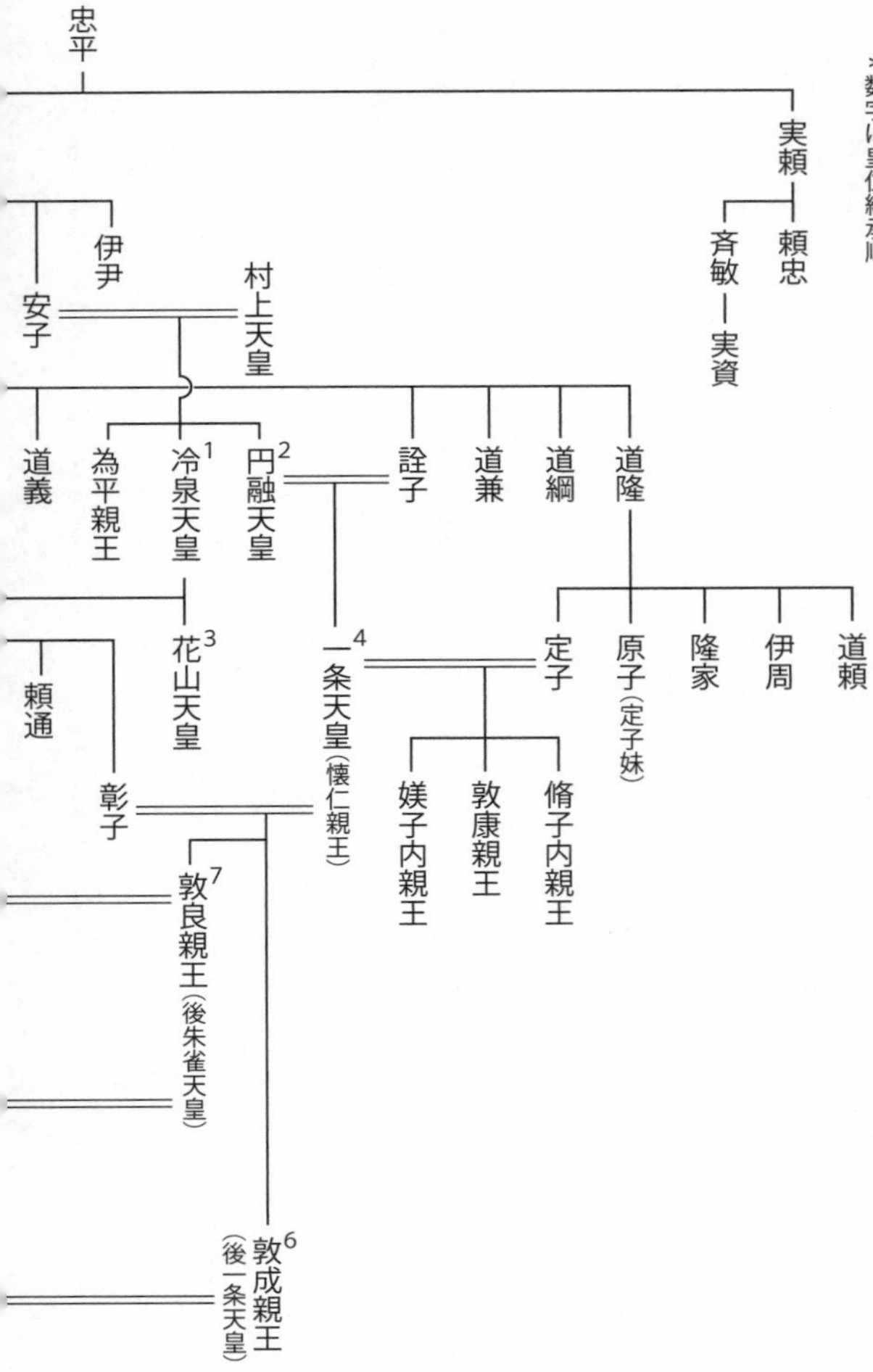

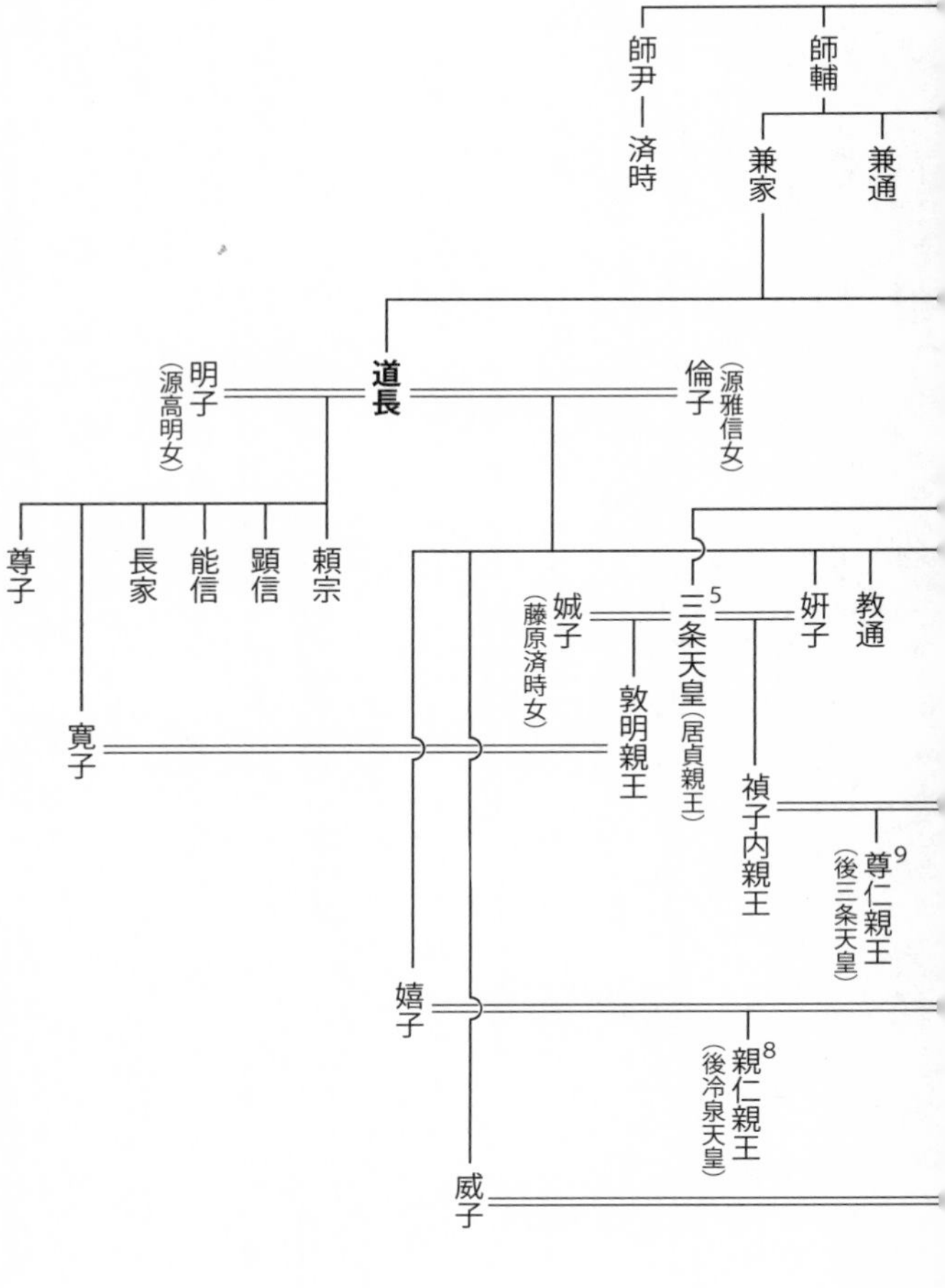

師尹
済時
師輔
兼通
兼家
道長
倫子（源雅信女）
明子（源高明女）
頼宗
顕信
能信
長家
尊子
教通
妍子
三条天皇（居貞親王）5
娍子（藤原済時女）
敦明親王
寛子
禎子内親王
尊仁親王（後三条天皇）9
嬉子
親仁親王（後冷泉天皇）8
威子

立場であり、強い出世欲にかられる性格でもなかったようで、そうした無欲さがある意味、好ましく映じたのかもしれない。

宇多源氏との血脈上の結合は、道長にとってもアドバンテージとなった。道長は女性を信頼させる気質があったのかもしれない。姉の詮子（東三条院）にも道長は好かれた。道長の第二夫人明子との婚姻の仲立ち役を積極的になしたのも、詮子だった。明子は安和の変で左遷された源高明の娘である。明子との結婚は、嫡妻・倫子を迎えた翌年のことだった。

詮子が、明子との縁を求める道長の兄たちを差し置き、道長へと嫁がせたのも、詮子なりの判断があったからだ。このあたりは永井路子氏の小説『この世をば』の描写の妙はなかなかだ。ともかく道長は女性、それも年上の立場からは、まさしく「貴族道」の風味を多分に有した、好男子と映じる魅力があったようだ。詮子による助力は明子との結婚ばかりではない。関白職の帰趨《きすう》をめぐる伊周との争いにおいて、母の立場から一条天皇に強く迫り、道長の「内覧《ないらん》」への就任にもかかわった。

倫子・明子の二人の妻の縁のいずれもが、年上の女性たちの〝お眼鏡〟に適ったことが大きい。それほどに道長への信頼度が群を抜いていた。

話を第二夫人明子にもどすと、その父は醍醐《だいご》源氏のエース源高明だった。高明は醍醐天皇の第十皇子で、故実書『西宮記《さいきゅうき》』はその著として知られる。村上天皇皇子である為平親王を女婿とした。

すでにふれたように、この為平を冷泉《れいぜい》の後継としようとしていたとの密告で、高明は大宰府《だざいふ》へと配流される。娘の明子が父の不幸に遭遇したのは幼少の五・六歳の時期とされる。叔父の盛明《もりあきら》親王に育てられたが、その後、東三条院詮子に迎えられた。

詮子は彼女を厚遇、結婚相手については、相応の人物を考えていたに相違ない。二十歳代前半の道長の二人の妻女（宇多源氏の倫子・醍醐源氏の明子）との出会いは、道長の血筋に異なる世界での婚姻圏を用意した。

嫡妻倫子との間に彰子《しょうし》・頼通《よりみち》・教通《のりみち》・妍子《けんし》・威子《いし》・嬉子《きし》が、そして明子との間には頼《より》宗《むね》・顕信《あきのぶ》・能信《よしのぶ》・長家《ながいえ》・寛子《かんし》・尊子《そんし》が誕生する。

道長の嫡妻腹の子女たち

まずは鷹司《たかつかさ》殿倫子系の子女から眺めておく。長女彰子の誕生は永延二年（九八八）、結婚の翌年のことだ。十二歳で彰子は一条天皇へ入内《じゅだい》する。先に入内した道隆の娘定子は皇后に、そして彰子は中宮とされた。寛弘五年（一〇〇八）、彰子と一条天皇との間に敦成《あつひら》親王（後一条天皇）が誕生する。さらに敦良親王（後朱雀《ごすざく》天皇）が誕生、彰子は二人の天皇の国母《こくも》となり、道長全盛の世を導くことになる。

次に嫡男の頼通である。世人から「宇治殿」と呼ばれた頼通は、十八歳で権中納言となる。寛仁《かんにん》元年（一〇一七）、二十六歳の若さで父道長からの譲りを受けて、内大臣として執政を兼ねた。後一条・後朱雀・後冷泉の三代にわたり摂関の地位にあったが、娘の嫄子・寛子両人に皇子誕生がなく、外戚になることができなかった。

同じく倫子所生の教通は頼通を補佐、その後の後三条天皇との関係にあっては、兄同様に円滑を欠いたとされる。この点は『愚管抄』その他にも逸話が多く残されている。この教通も頼通同様長寿を保ったが、その晩年は兄弟間に確執を残したとされる。

そして次女の妍子である。彼女は東宮居貞《いやさだ》親王（三条天皇）の後宮に入り、長和《ちょうわ》元年（一〇一二）に立后《りゅうごう》、翌年禎子《ていし》内親王（陽明門院）を生んだが、参内ははかばかしくなかったという。父道長と夫三条天皇との確執も小さくなかった。「枇杷殿《びわどの》の皇后」と称された妍子は、万寿《まんじゅ》四年に三十四歳で他界した。同じ年に父道長も世を去っている。

三女は後一条天皇中宮の威子である。十一歳の後一条天皇に入内した威子は、当時二十歳と年齢の差もあった。『栄花物語』にはその不釣り合いな結婚を〝めでたさ〟の象徴のように語っているが、何とも道長の強引な意図は隠しきれない。その点では長女の彰子も似たようなもので、一条天皇に入内したのは十二歳の時のことだった。父の〝政治〟に翻弄された娘たちという面もあった。

気の毒さという点という点では、四女の嬉子も似ている。彼女は姉彰子の子である東宮敦良親王(後朱雀天皇)の妃となっている。東宮より二歳年上だったが、万寿二年(一〇二五)、親仁親王(後冷泉天皇)の出産のおり、十九歳で没した。この後に後朱雀に入内したのが禎子内親王(三条天皇の皇女)で、天皇との間に尊仁《たかひと》親王をもうけた。後三条天皇である。その後三条の登場で時代は大きく変わる。その点で嬉子の死は、禎子内親王の入内をうながし、皇統の異なる流れを登場させることに、繋がった。

明子腹の子女たち

第二夫人高松殿・明子の子女たちについて触れる。嫡妻倫子との相違はあきらかだったが、他方で倫子系とは異なる非嫡流の意地も見られた。後述するが、男子たちの流れのなかには、院政への橋渡しに繋がる動きもあった。

まず、長子頼宗から。倫子所生の頼通・教通に比べ、昇進は遅かった。右大臣が極官《ごくかん》だった。後朱雀天皇には娘延子を、後三条には昭子を入内させたものの、皇子には恵まれなかった。堀河右大臣と称し、和歌の名手として知られた。

次に顕信だ。十九歳のおりに皮堂《かわどう》の行円上人《ぎょうえんしょうにん》のもとに赴き出家、比叡山無動寺に登った。父道長も顕信の出家には驚きを隠さず、その様子は『大鏡』にもしるされている。また臨終にあっては仏の夢想を得て入寂《にゅうじゃく》したとある（『栄花物語』〈たまのかざり〉）。

三子は権大納言能信だ。官歴云々は別にして、この人物は異母兄頼通に対抗したことでも知られる。この点に関しては『愚管抄』（巻四）や『今鏡《いまかがみ》』（巻一）にも詳しく見えている。後朱雀天皇に入内した、中宮禎子内親王（三条天皇皇女）の中宮大夫の地位に能信はあった。後朱雀天皇病没の直前、天皇には第二皇子尊仁《たかひと》親王（後三条天皇）がありながら、頼通に遠慮し、皇太子の件を遺言できなかった。その雰囲気を察した能信は、尊仁親王への譲位を強力に推し進めたことが諸書に見える。

能信は東宮となった尊仁の東宮大夫として活躍した。後三条から皇位を継承した白河《しらかわ》天皇は、自身が今日あるのはこの能信のおかげだとして、「大夫殿」と敬称したという。右の件は、道長没後のことではあったが、嫡流の頼通・教通と対抗した人物として、記憶に

【藤原道長の子女】

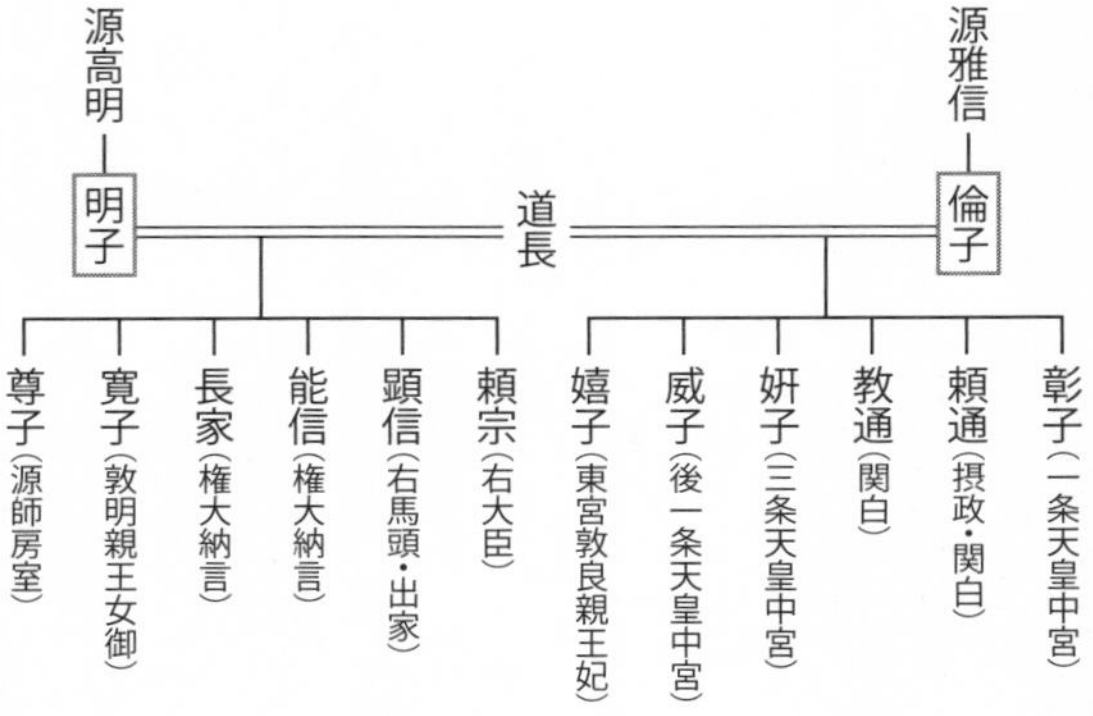

残る。院政の源流となる後三条天皇への道筋をつけた人物として留意される。

そして明子の四男たる権大納言長家だ。行成の娘や斉信の娘と結婚するが、いずれも死別した。歌人として著名で御子左《みこひだり》と号したその家系は、俊成・定家に繋がる。

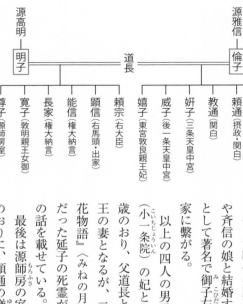

以上の四人の男子に続いて女子では、敦明《あつあきら》親王（小一条院《こいちじょういん》）の妃となった寛子である。彼女は十九歳のおり、父道長との関係で東宮を退位した敦明親王の妻となるが、二十七歳の若さで死去した。『栄花物語』〈みねの月〉には小一条院のかつての女御《にょうご》だった延子の死霊が、寛子に取り憑き亡くなったとの話を載せている。

最後は源師房《もろふさ》の室に入った尊子だ。彼女は十八歳のおりに、頼通の猶子《ゆうし》となった師房と結婚する。道長の娘たちは、多くが皇妃の立場だったのに比べ、例外であった。院政期に賢臣として活躍する俊房・顕房らは、その尊子を母とした。

以上、道長の二人の夫人たちの来歴を略記した。倫子系にあっては男子二人、女子四人、そして明子系は男子四人、女子二人。ともども六人ずつの、十二人の子女たちに恵まれていたことになる。

「親政」と「院政」

天皇が国政をリードするシステムを「親政」（天皇自身が自らが政治を行うこと。「親」とは〝みずから〟の意）、といった。そして退位した天皇、すなわち太上《だじょう》天皇（上皇）が政治を主導するシステムを「院政」といった。上皇の存在は奈良時代からあった（例えば聖武《しょうむ》上皇）。ただし、上皇が政治の主体となる「院政」という政治形態は白河上皇からとされる。以後、保元の乱（一一五六）から承久《じょうきゅう》の乱（一二二一）まで白河・鳥羽《とば》・後白河《ごしらかわ》・後鳥羽《ごとば》の四人の上皇というデスポティックな「治天《じてん》」の登場で、院により国政が主導された期間を〝院政期〟と呼称する。院政は形式上は江戸末期の光格《こうかく》天皇まで継続する。要は〝治天〟の主体が天皇にある場合が「親政」、上皇にある場合は「院政」ということになる。

ちなみに明治以降の皇室典範《こうしつてんぱん》では、皇位継承は天皇崩御の時に限定され、退位や譲位は認められていない（現在の上皇は臨時立法での特例）。

ただし明治以前にあっては、譲位にともなう継承が一般的だった。天皇自体の呼び方は「上」「主上《しゅじょう》」「今上《きんじょう》」「当代《とうだい》」「至尊《しそん》」などの漢語が多い。それ以外にも仏教用語に因《ちな》み「金輪聖王《こんりんじょうおう》」「万乗《ばんじょう》」の用い方もある。また上皇の別称として、御所を意味する「院」「仙院」「仙洞《せんとう》」（上皇の居所を神仙の居所にたとえることに由来）がある。二人以上の上皇が在世したさいには、譲位の順に「一院（本院）」、「中院」、「新院」と称した。

ちなみに道長・式部の時代は一条天皇にフォーカスすれば、冷泉・円融《えんゆう》・花山の三人の上皇が並立して在世していた。譲位が一般的だった段階の鎌倉末の後二条《ごにじょう》天皇期にあっては、大覚寺・持明院両統において、後深草《ごふかくさ》・亀山《かめやま》・後宇多《ごうだ》・伏見《ふしみ》・後伏見《ごふしみ》の五人の上皇が存在したこともあった。

三　道長の年代記

道長は康保《こうほう》三年（九六六）、兼家の五男として誕生した（母は藤原中正《なかまさ》の娘時姫《ときひめ》）。十五歳で従五位下《じゅごいのげ》、二十二歳で左大臣源雅信（村上源氏）の娘倫子と結婚、翌年には源高明の娘明子を第二夫人として迎える。その後、二十代後半の正暦《しょうりゃく》年間（九九〇〜九九四）に正三位《しょうさんみ》権大納言として、政界中枢の入口に立つことになる。この間、嫡妻倫子との間に彰子、頼通、妍子が、また明子との間にも頼宗、顕信の誕生をみる。当該期は一方で兄道隆が摂政となり、中関白家が台頭する。道長にとっての順風は、三十代に訪れる。その後、五十代半ばでの出家までのおよそ二十五年間が、政治家としての最盛期ということになる。

長徳年間（九九五〜九九八）——三十代前半

当該期は道長に順風が吹き始めた段階といえそうだ。「長徳の大疫癘《えきれい》」と称する疫病が都の内外で流行する。父兼家にかわり、長兄の道隆が関白の地位にあり、全盛を迎えつつあった。その中関白家に不幸が訪れる。道隆の病死である。長徳と改元されて間もない四月のことだ。関白の宣旨《せんじ》は「三道」の次兄道兼に下されるが、疫病が猛威をふるうなか、その道兼もこれに冒され病没してしまう。

かくして道長に一条天皇から内覧（関白に準じる職掌で、天皇に奏上する文書に前もって目を通す地位）の宣旨が出される。その後、右大臣ついで左大臣、氏長者となり、順風を得る。この間、倫子との間に次子教通が、さらに明子との間に能信が誕生する。とはいえ、この時期は一方で、中関白家との確執もあり、道長自身も緊張の歳月だった。

例えば道隆は死去の直前、嫡子伊周を内大臣として、関白継承への布石のための人事とした。大納言の立場にあった道長は、そんな状況でも落胆する気配もなく、公事《くじ》に励んだという。年下の甥の伊周に人事の面で先を越されたことに、内心興ざめの気分がなかったとはいえまいが、そこは〝大人の対応〟ということになろうか。

その伊周との競合を伝える話として、道隆邸に招かれ、「競射」で腕前を競ったものの、冷静さを保った道長が伊周を圧倒したとの逸話も見えている（『大鏡』〈道長伝〉）。前述の肝試しの逸話が物語るように、自分を見失うことがない冷静な姿勢が〝ツキ〟を呼び込むことになったようだ。伊周、さらには定子の入内・出産など中関白家との関係については、道長サイドにとっては薄氷の時節でもあったはずだ。こうした関係からか、長徳年間の後半には道長自身も体調を崩し、出家を思い立つほどだったという。

長保年間（九九九～一〇〇三）――三十代後半

この時期の道長について特筆されるべきものとして、長女彰子の一条天皇への入内があげられる。女御の宣旨がなされ、翌年長保二年（一〇〇〇）には立后し、中宮となった。一方の中関白家にも慶事が訪れる。皇后・定子と一条天皇との間に、皇子（敦康親王）誕生をみたことだ。政権の中枢にいた道長とはいえ、十二歳で入内した娘彰子の皇子誕生は難しい。

道長にとっては、一条天皇に入内した定子と彰子両者の後宮世界での推移を見守る段階といえる。ここでも〝待ち〟の姿勢に徹した。この間、倫子との間には三女威子が誕生する。そして、この長徳二年から三年にあっては、二つの不幸があった。一つは一条天皇の寵を得ていた定子が媄子《びし》内親王出産後に他界する。そして一年後には道長の内覧就任に大きな役割を果してくれた姉詮子（東三条院）が、四十の賀の数か月後に亡くなったことだ。

詮子は十七歳で円融天皇に入内、女御となり懐仁《やすひと》親王（一条天皇）を生み、「三道」時代の到来に力を与えた女性だった。彼女は以前にもふれたとおり、道長の第二夫人明子を結びつける媒介役にもなった。そして何よりも、関白（内覧）の行方をめぐり、一条天皇が、伊周か道長かの選択を迫られたおり、姉詮子の後押しで道長の内覧就任の道筋が与えられた。道長にとっては、最大の恩人といえる。

寛弘年間（一〇〇四〜一〇一一）——四十代前半

不惑の年齢を迎えた道長にとって、四十代半ばに至るこの時期は、自身の権勢がより強固になった段階だ。後述の紫式部の宮中への出仕は、この寛弘三年前後、式部三十六歳の頃とされる。そして道長にとっての最大の懸案ともいうべき一条天皇と彰子との間に待望の敦成《あつひら》親王（後一条天皇）が誕生したのもこの時期のことだ（寛弘五年〈一〇〇八〉）。ついで翌年に彰子は敦良親王（後朱雀天皇）を生み、外戚関係の確立に大きく前進がなされた。

一条天皇は寛弘八年（一〇一一）六月に居貞《いやさだ》親王（三条天皇）へと譲位、没する。天皇は寛和二年（九八六）年の即位以来、二十五年の長期にわたる在位だった。この間、道隆・道兼そして道長の「三道」が関白あるいは内覧という立場で、一条朝を支えた。道隆の娘定子、そして道長の娘彰子が入内、二后並立がなされ、当該天皇のもとでコアな王朝世界が演出された。一条天皇との間は、中関白家との因縁もあり、円滑を欠いた面もあったとされる。一条天皇が定子に想いを懸けていたことは、『枕草子』その他からも知られている。当然ながら、天皇との愛の育み方が関心となったはずで、当時にあっては、年齢的にも定子に分《ぶ》があったことは明らかだった。

したがって道長にとって、彰子が寛弘五年(一〇〇八)とその翌年に相ついで、二人の皇子を誕生させたことは、大きな展望となった。この寛弘期は次女の妍子が東宮居貞(三条天皇)の妃となり、これに先立ち、倫子との間に四女嬉子も誕生する。道長一家にとっては、嫡妻倫子との間にこの嬉子もふくめ、彰子(一条中宮)・妍子(三条中宮)・威子(後一条中宮)の四人の娘を得たことになる。

当該期、花山院が四十一歳で没(寛弘五年)。その父冷泉上皇も六十二歳の長命で亡くなった。ちなみにその花山院と女性問題でもめた伊周もまた、三十七歳で亡くなった(寛弘七年〈一〇一〇〉)。道長にとって寛弘年間はその周囲の新旧勢力交替の潮目となったことになる。

長和年間(一〇一二〜一〇一六)——四十代後半

この時期は、道長は政治的に最盛期を迎える。ただし、中関白家とは別にもう一つ〝はばかる〟べき案件も浮上した。当該の長和の年号は三条天皇のそれだったが、親王時代からこの天皇とはソリが合わなかったという。道長の長姉超子《ちょうし》を母とした三条は、東宮時代が長く、即位は三十六歳だった。成人した天皇の即位は、摂関システムでの政権運営にとって、必ずしも歓迎されなかったのかもしれない。道長は妍子を三条天皇に入内させたが、三条には東宮時代の先妻娍子《せいし》との間に、敦明親王がいた。長和元年（一〇一二）四月、妍子が入内（中宮）し、娍子立后（皇后）という二后冊立がなされた。翌年の長和二年、中宮妍子は皇女禎子内親王（陽明門院）を生む。

「心にも　あらで憂世に　ながらへば　恋しかるべき　夜半の月かな」――と三条天皇自らが詠じた『百人一首』でもおなじみの歌は、その妍子に向けてのものとされる。ここには眼病を患った天皇自身の憂鬱が、「夜半の月」に託されて、詠み込まれていた。長和三年二月には内裏が焼失、天皇の眼の病も重篤化する。

ちなみに三条天皇はその幼少期、道長の父兼家の愛を受け育ったという（『大鏡』〈兼家伝〉）。冷泉天皇の皇子で、兼家の娘超子を母としたこの天皇に、兼家も大いに期待したようだ。けれども皇統が円融に移り、ついで一条天皇の長期におよぶ在位のなかで、三条の即位は遅れることになった。一条天皇治世下にあって、それを補佐する道長との〝二人三脚体制〟は結果として、道長と三条天皇との間に微妙な関係を作り出した。眼病の件、さらに内裏焼失の件も重なり、三条天皇は東宮時代にもうけた敦明親王（母娍子）への後継を道長に託すかたちで、後一条天皇に譲位する。四十代後半の道長にとっても、三条天皇との関係はいささか心痛だったことは疑いない。妍子との間に皇子の誕生があれば、あるいは流れが変わったかもしれないが、そうはならなかった。当時、道長に靡《なび》かず対立していた二人の公卿、右大臣実資《さねすけ》と中納言隆家の存在も、また気になるところだった。

寛仁年間（一〇一七～一〇二〇）――五十代前半

当該年号は道長体制の完成期にあたる。「此世をば～」で知られる望月の歌が披露されたのが、寛仁二年（一〇一八）のことだった。「寛仁」は三条天皇にかわり即位した後一条天皇の年号だ。その後一条天皇に三女威子が入内、中宮となる。「望月の歌」についていえば、彰子（太皇太后〈一条天皇〉）、妍子（皇太后〈三条天皇〉）、そして威子と一家に三人の后が並び立つ栄誉を詠み込んだものだ。この歌を詠じた翌年の寛仁三年三月道長は出家する（法名行観）。道長自身の体調もさることながら、権勢の独占がもたらす運の傾きを思慮した結果だった。道長の第一線からの引退と、あたかも軌を一《いつ》にするかのように、大きな出来事が道長の出家の年に勃発した。鎮西《ちんぜい》での異賊侵攻である。

数年前から異国船の九州来着はあったものの、刀伊（女真《じょしん》）の来襲は、道長以下の朝堂貴族たちに衝撃を与えるものだった。この海防問題の危機については「Ⅳ　再びの王朝時代の諸相」でもふれることになるが、ここでは異賊侵攻が、道長の晩年の時期に当たったことをおさえておきたい。出家以前、幼帝後一条の摂政の立場にあった道長は、その地位を嫡子頼通に譲り、道長以後の権力体制に道筋をつけた。

対外的には、刀伊の入寇による海防問題はあったものの、道長体制は寛仁の段階で国内的には安定する。かつての抵抗勢力だった三条天皇はすでに寛仁元年の五月に没し、さらにその数か月後、敦明親王（母娍子）が東宮を辞することで、三条天皇系の血脈の皇位継承の芽が消えた。さらに、皇太子候補として一条天皇と定子との間に誕生した敦康親王も、寛仁二年に亡くなった。道長にとっての潜在的抵抗勢力が、政治の舞台から次々に退場していった。道長の寛仁段階は、まさにそうした時期ということができる。

残る不安、それは来世という未知なる世界へのものだった。念願の出家に先立ち道長の信仰心は、すでに四十代半ば以降、顕著さを増しつつあった。寛弘八年（一〇一一）の金《きん》峯参詣《ぶさんけい》と写経、同年の土御門第での阿弥陀仏供養《あみだぶつくよう》、その後の寛仁元年（一〇一七）の浄妙寺詣、あるいは同三年の興福寺・春日社参詣と翌年の無量寿院落慶供養など、その信仰心を伝える事例は少なくない。

「寛仁」以降、「治安《じあん》」「万寿《まんじゅ》」の二つの年号を体験した道長は、六十二歳で死去する。晩年の道長にとっての願望は、法成寺《ほうじょうじ》建立に向けて力を尽くすことだった。「治安」（一〇二一〜二三）の段階は、倫子所生の頼通・教通が左大臣・内大臣に、そして明子所生の頼宗・能信も権大納言へと就任、〝御堂流〟の血脈への布石がほどこされた。

以上、道長を軸に約二十五年間にわたる足跡に「年号」を絡め、整理をほどこした。次は天皇との関係を主軸に眺めたい。

冷泉天皇と安和の変

長期在位の村上天皇の後継は、冷泉天皇だ。母は（師輔の娘）安子。冷泉（親王名憲平《のりひら》）即位の二年後、「安和《あんな》の変」（九六九年）が勃発する。「天慶《てんぎょう》ノ大乱ノ如シ」（『日本紀略』）ともいわれたこの政変については、以前にも少しふれた。冷泉は幼少期より病弱で、併せ眼

【冷泉天皇を中心とした略系図】

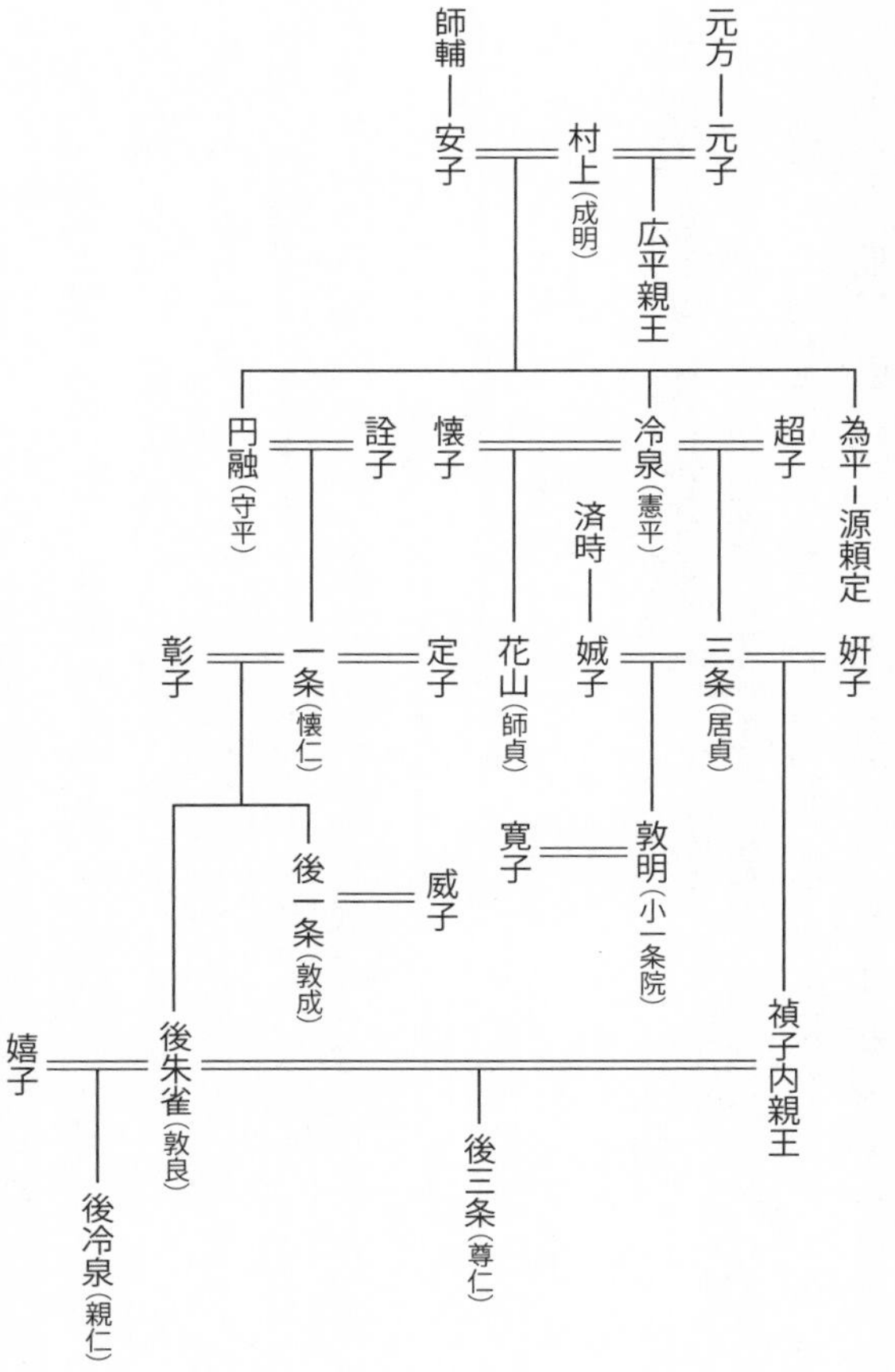

病を患っていた。先帝村上は当初、弟の為平親王（母は安子）を後継と考えていたらしい。

ただし、為平は醍醐源氏の左大臣源高明の娘を妃としており、為平の天皇即位が実現すれば、高明の外戚の可能性も強くなる。当時、関白太政大臣は藤原実頼だったが、実質上の政権トップは左大臣の高明であった。これへの警戒から藤原側では為平と高明の排除に動いた。『栄花物語』〈月の宴〉によれば、自身の娘を妃としていた高明が、為平親王を皇位に就けるべく扇動したというものだった。政変の首謀者とされるのが「九条殿ノ子ドモ三人」（『愚管抄』巻四）、すなわち師輔の子息たち（伊尹・兼道・兼家）だった。冷泉天皇はその安和の変の火中にあって、その半年後に、足かけ三年で退位となる。これにかわり即位したのが、円融天皇（守平）だった。

政治の運営方式、「陣定」でのルール

平安後期以降、公卿（上級貴族）は紫宸殿の近衛府《このえふ》のある詰め所（陣）で会議をした。そのためこれを「陣定《じんのさだめ》」といった。これに列席可能なのは現役の公卿のみだ。障《サワリ》と称し、方違《かたたがい》その他で欠席の公卿も多く十名内外でのことも少なくなかったという。司会・進行役のことを「上卿《しょうけい》」といった。招集された公卿に対して、当該の案件（審議

事項）が摂関から蔵人を通して提示される。このあたりは、現在のわれわれの会議の場面とさほど変わりはないはずだ。

おもしろいのは、会議の席上、発言の順番は、下位の者から一人ずつ意見を述べるしきたりだったことだ。たしかに、いきなり、社長や会長がワンマン的に自らの意見を言えば、若い人は遠慮してしまう。その点では実に合理的な進行方法といえる。全ての意見が出そろうと、「定文《さだめぶみ》」が作成され、「上卿」がそれを点検した上で、蔵人を経て奏上されるという流れだ。

円融天皇と貞元の暗闘

父母ともに冷泉天皇と同じである。兄の冷泉が十八歳での即位だったのに比べ、円融は十一歳の幼帝だった。安和の変（九六九）で排除された為平親王にかわっての即位となった。摂関常置体制の始発に位置づけられる天皇である。摂関家とのつき合い方が、この天皇に背負わされた宿命だった。

〝四の字固め〞よろしく、天皇の周囲はすべて母安子の一族で占められていた。幼少の天皇の摂政として藤原伊尹がおり、さらに関白となる兼通《かねみち》も伯父（母の兄）にあたったわけで、自由裁量も当然限られる。

この円融期での特筆すべき出来事は、道長の父・兼家とその兄・兼通との暗闘だろう。『栄花物語』や『大鏡』にもその経緯は詳しい。貞元《じょうげん》二年（九七七）の時期だから、当の道長はまだ十代の初めの頃だ。伯父の兼通は関白だったが、病のため辞任の直前だった。後継を弟の兼家（道長の父）に譲ることを拒み、従兄弟の頼忠（兼道の父師輔の兄実頼の子）へと譲った。さらに兼通は弟の兼家を治部卿へと、左遷の措置をとるなど、暗闘がなされた。

天皇はこの兄弟間の骨肉の争いを傍観する以外になかった。関白頼忠は局外にあって、やがて当の兼通が死去するにおよび、兼家が右大臣に復帰、その後の「三道」への移行に繋がる。

花山天皇と寛和の変

円融天皇の譲位後、花山天皇が永観《えいかん》二年（九八四）に十七歳で即位する。母は伊尹（師輔の長男）の娘の懐子《かいし》だった。在位わずか足かけ三年、寛和二年（九八六）六月に突然出家することになる（寛和の変）。「内劣《うちおと》りの外めでた」（『大鏡』〈伊尹伝〉）ともいわれた花山院は、外見は立派な雰囲気を醸すが一方で奇妙な行動が多い、二面的な精神の持ち主でもあった。その政変劇を仕組んだのが、権勢家の兼家とその子道兼とされる。道長は当時二十一歳、昇殿を許されたばかりで、この事件への関与は不明だ。

花山天皇の出家にまつわる退位事件で、兼家の仕懸けが功を奏し、後継の一条天皇の早期即位が実現する。ここに兼家とその後継の「三道」への道筋が敷かれる。花山天皇の気の毒さは、実母懐子の父・伊尹が亡くなっていたことにある。外戚サイドの権勢者の欠落は大きい。天皇は大納言藤原為光（兼家の弟）の娘忯子《しし》を女御とし、彼女を深く愛したものの、忯子は一年後に亡くなってしまう。

天皇の悲嘆は大きかったという。出家を考えた天皇は、当時蔵人でもあった道兼に相談したのだろうか。兼家は次期天皇として、自身の娘詮子が生んだ皇太子懐仁の即

【皇室関係系図】

＊数字は皇位継承順

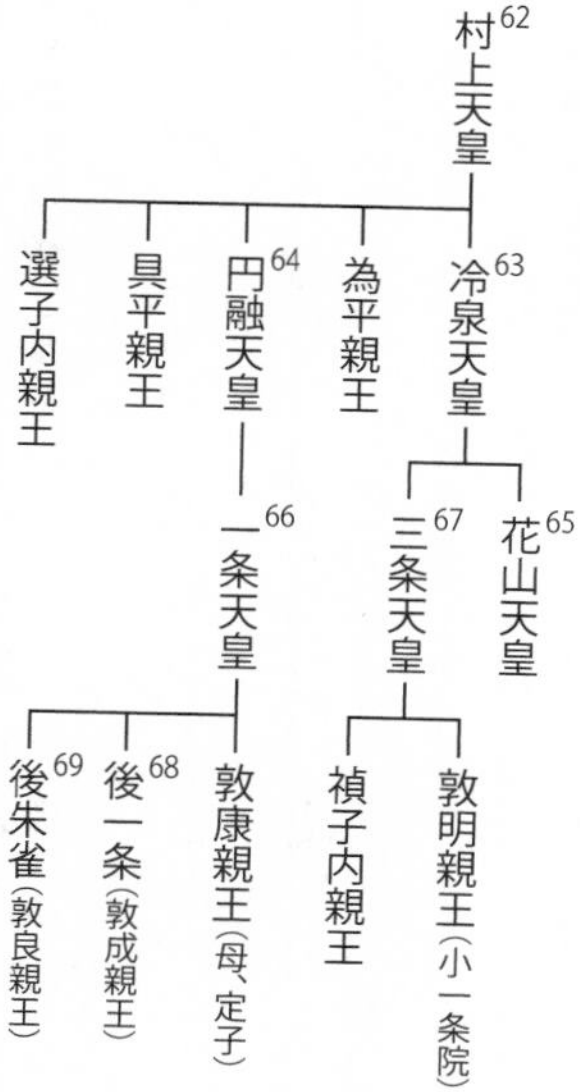

【藤原氏（摂関家）関係系図】

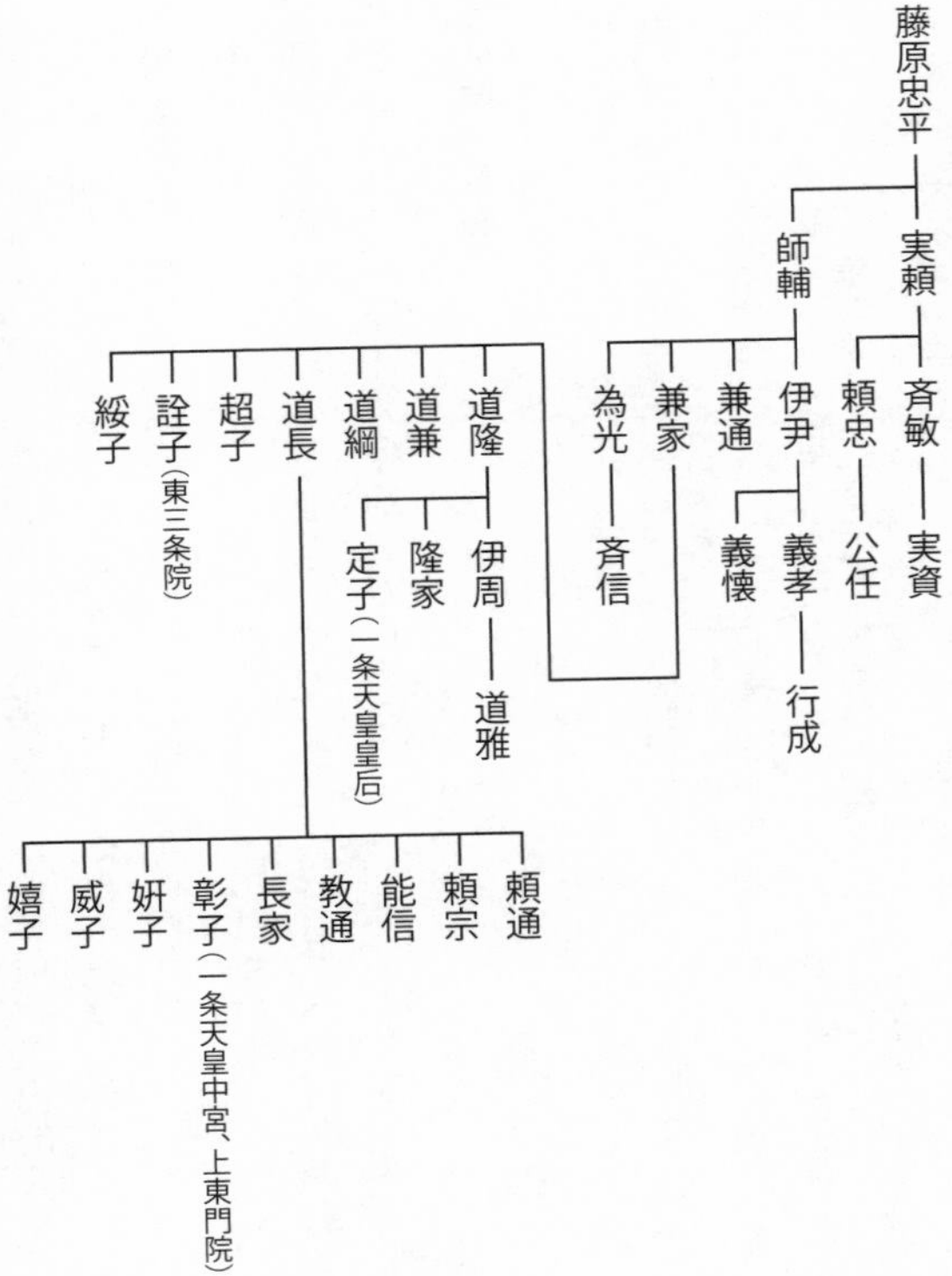
藤原忠平
実頼
師輔
斉敏
実資
頼忠
公任
伊尹
義孝
行成
義懐
兼通
兼家
為光
斉信
道隆
伊周
道雅
隆家
定子（一条天皇皇后）
道兼
道綱
道長
頼通
頼宗
能信
教通
長家
彰子（一条天皇中宮、上東門院）
妍子
威子
嬉子
超子
詮子（東三条院）
綏子

位を望んでいた。兼家は天皇の悲嘆にかこつけ子息の道兼とはかり、花山天皇の意向を汲むという形で、内裏から誘い出し、無理やりに洛東山科《やましな》で出家させてしまう。

この花山天皇の治世はわずか二年にすぎないものの、銭貨流通の促進とか、荘園整理の政策、さらに有能な人材の採用（伊尹の子義懐《よしちか》）などもあり期待も高かったが、兼家サイドからの政治的攻略に抗うことはできなかった。

一条天皇と女房文学の隆盛

『百人一首』に登場する女房歌人の圧倒的多くがこの一条天皇の時代に集中する。女流歌人のオンパレードといってもよい。それほどまでに王朝という語感に当てはまる時代が一条朝だった。二十五年という長期にわたる在位の影響もあるが、それを補翼した道長の存在はさらに大きい。

寛和・永延《えいえん》・永祚《えいそ》・正暦《しょうりゃく》・長徳《ちょうとく》・長保《ちょうほう》・寛弘《かんこう》と続く一条天皇の年号は、道長の二十一歳から四十六歳に対応する。道長の政権担当者としての最盛期がその一条朝ということができそうだ。幾度かふれたように、生母は詮子（東三条院・道長の姉）である。天皇は天元《てんげん》三年（九八〇）年に誕生、立太子は四年後の永観二年（九八四）のことだ。道長とは十四歳ほどの年の差だった。

女房文学の隆盛期にあたる一条朝は、他方では「長徳の変」に見られる摂関家内部の暗闘の時期と重なっていた。中関白家の人々（道隆と定子・伊周・隆家）との対立である。併せて、この長徳は疫病（「長徳の大疫癘」）が発生、社会が死の恐怖に慄《おのの》いた時代でもあった。

花山天皇の出家事件（寛和の変）を受けて、一条天皇が即位する。その母詮子は一条天皇のみならず、当の道長の運命にも影響を与えた。道長についていえば二つあった。一つは源高明の娘明子との結婚の世話役だ。明子の兄俊賢は道長政権上の四納言の一人とされた人物で、陰に陽に道長を支えたことでも知られる。高明の失脚で孤独となった明子に詮子は保護を与え自邸（東三条院）にすまわせるなどの世話をした。

そして、二つ目は一条天皇の政権補佐役（内覧）への後押しである。天皇が関白に準ずる立場を伊周か道長で迷いあぐねたおり、道長寄りの進言をしたことだった。これらの諸点は、すでにふれたとおりだ。

当の一条天皇は最愛の后定子の肉親たる伊周を推挙したかった。しかし詮子は道長の推挙を勝ち取り、ついに弟道長に内覧への道を拓いたのだった。

「ワレ人ヲ得タルコトハ延喜《えんぎ》・天暦《てんりゃく》ニマサレリ」とは、北畠親房『神皇正統記《じんのうしょうとうき》』に伝える一条天皇の発言だ。『十訓抄』（第一）にも同様の話が載せられており、世評での一般的解釈といえそうだ。その『神皇正統記』には、道長についての興味深い指摘もある。例によって要約しておく。

「道長は当時は大納言だったが、内覧の宣旨で左大臣にまでなった。けれど、延喜・天暦の昔を想起されたのだろうか、関白にはならなかった。……兄弟は多くいたが、この道長大臣の流れを摂政・関白というのであった。以前にあっても、どのようなわけか、昭宣公（基経）の三男の貞信公（忠平）が継承し、またその貞信公の二男の右大臣師輔の流れが後継となり、さらにその師輔の三男であった東三条の大臣（兼家）が家を継ぐこととなった。兼家の後継となった道長もまた庶子だった。このように彼らはみな父が立てた嫡子ではなく、自然と家を継承することとなった。

【一条天皇の後宮】

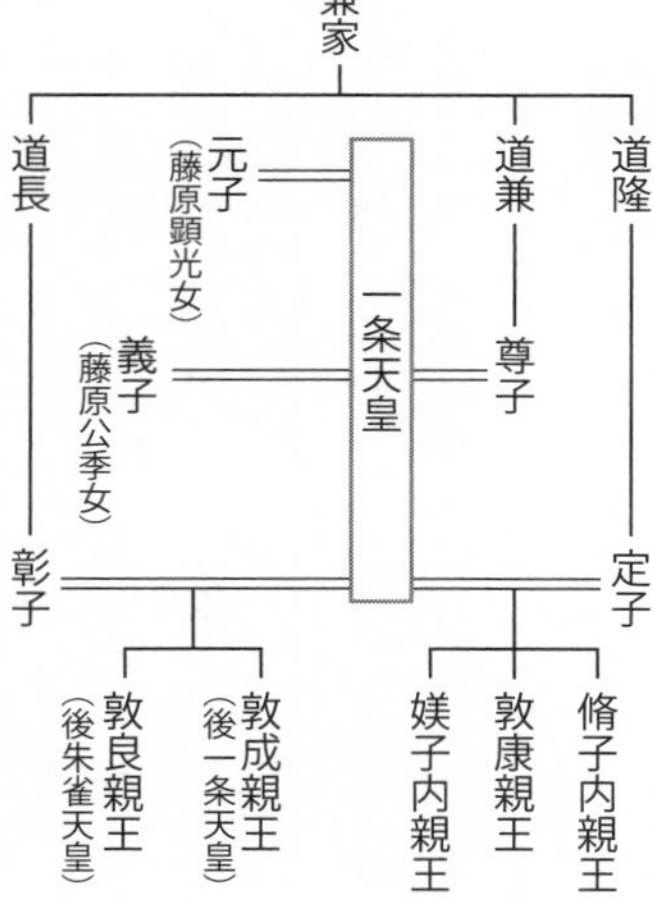

祖神（天児屋命）のはからいによる筋道だったのだ」

そして親房は右に語った道長登場に到る流れをのべつつ、その一条天皇の時代は、「サルベキ上達部《かんだちめ》、諸道ノ家々・顕密ノ僧マデモ、スグレタル人オホカリキ」（そういうことだから、上達部〈公卿〉や諸道の家々、さらには顕密の僧侶たちに至るまで、秀れた人々が輩出した）との指摘をしている。

以前にふれた毒瓜説話での「術道ヲ得タル人々」を彷彿とさせる場面とも符合することになろうか。まさしく一条朝は道長そして紫式部の時代に対応した王朝の盛期だった。

関白にならなかった道長

「内覧」とはその字義の通り、太政官で作成された文書を天皇に示す以前に、見ることができる役目のことだ。もともとは摂政の権限に属し、その地位も摂政に準ずるものとされた。道長の場合は、一条そして三条の二人の天皇は成人していたため、関白となるべきだった。しかし内覧の地位に道長が固執したのは、関白には内覧の権限がなかったからだ。関白にはならなかったが、それと同様の地位にあった道長は、通称として「御堂関白」の呼称が用いられた。

その道長が残した日記が『御堂関白記』だ。長徳四年(九九八)から寛仁五年(一〇二一)までの日記で具注暦に記されている。自筆十四巻、古写本十二巻が陽明文庫(近衛家に伝来する書籍を保存・管理する図書館で京都市右京区宇多野《うたの》に所在)に収蔵されている。

ちなみに関白は「関《あずか》リ白《もう》ス」の語が示すように百官を率い、成人した以後の天皇を補佐するのが役目。天皇の権限を代行する摂政(万機を摂行する)とは区別された。当初の制度上での区分けは次第に薄れたとされる。

摂政の資格について成文はなかった。①天皇の外戚(生母の父、兄弟)、②藤原北家出身、③大臣あるいは前大臣であること等が原則とされた。また、関白の場合は、②と③が重視された。ただし、道長の御堂流が嫡流とされ世襲されると、①についても軽視されるに至った。

三条天皇と「夜半の月」

「御邪気ノユヱニヤ、ヲリオリ御目ノクラクオハシケル」(邪気のためか、時に眼の具合がよろしくなくなることがあった)とは、同じく『神皇正統記』の語りだ。居貞《いやさだ》親王は東宮時代が長かった。ひとえに一条天皇の在位が長期に及んだことによる。そこから道長との対抗・対立がまことしやかに語られる。勿論、火のないところにの喩《たとえ》のとおり、この両者には確執もあった。

母の超子は兼家の娘で、道長の長姉だったから、条件としては前代の一条天皇の場合と同じ（一条の場合、母の詮子は超子の妹）。では、何故に道長との間に隙が生じたのか。このあたりは〝ウマ〟が合わなかったとしか考えられない。とはいえ、そんな説明ではやはり表面的に過ぎるだろう。

親王時代が長く、天皇として即位したのは異例な分別盛りの時期だった。そもそも摂関政治の前提は、天皇自身が〝朝政〟への要望を持たぬこと。そのための若き幼帝の再生産が求められる。三条天皇の場合は、その規格から外れていた。先述したように、ウマが合うとか合わぬとかはあったにしても、である。三条天皇が即位したおり、道長は四十六歳だった。そして当の天皇もまた、それより十歳ほど若い三十代半ばだった。ともどもが分別ある大人の関係であった。このことが両者にある種の隔たりを残すことになってもいた。

なんといっても三条の兄花山天皇は、道長の周囲（兼家や道兼）の圧迫のなかで、出家させられた。陰に陽に「三道」周辺の人間たちへの〝意趣〟は、三条天皇にも伝えられていたはずだろう。

とはいえ、祖父の兼家が幼少期の三条天皇を大いに愛したことは、『大鏡』にも指摘されている。

一条天皇の皇太子として、三条天皇は将来の皇位が約束されていた。その即位後、道長は次女妍子（母倫子）を入内させた。長女彰子の一条天皇への入内に継いでの入内は、外戚への期待を高めることになる。けれども彰子が皇子二人（後一条・後朱雀）をもうけたのに対し、妍子の場合、三条天皇との間に内親王（陽明門院禎子）のみを誕生させた。


【三条天皇の後宮】

＊数字は皇位継承順

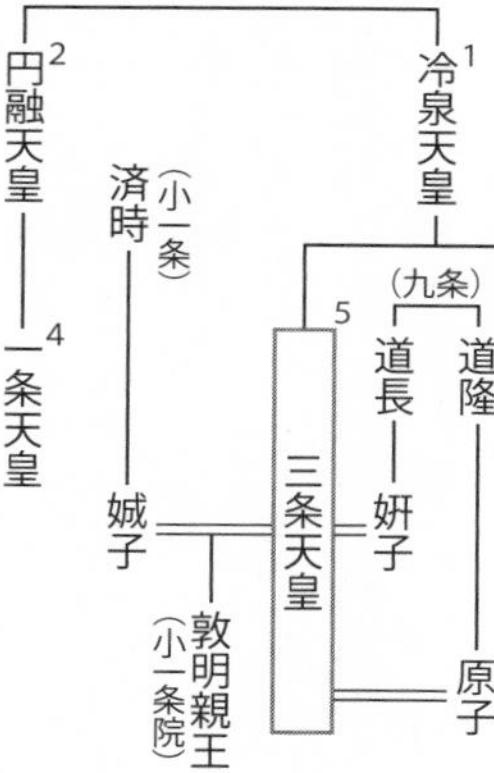

それでは三条天皇には男子はいなかったのか。いたのである。親王時代の妃に藤原娍子（祖父師尹《もろただ》・父済時《なりとき》）がおり、彼女との間に敦明親王が誕生していた。三条天皇は後継として「えもいはず美しき姫君」（『栄花物語』〈月の宴〉）との間に誕生した敦明を〝次の次〟の天皇として期

待した。

道長にとって、敦明は彰子所生の実子ではない以上、〝今後の見据え方〟が問題となる。かくして眼病を患った三条は、内裏の焼亡という事態のなかで、譲位を決意する。その条件が敦明親王への皇位継承の確約だった。

朝廷の最高権力者たる道長との間で、後継者確保を実現した三条天皇は、かくして位を後一条へと譲った。長和五年（一〇一六）のことだ。「心にもあらで憂き世にながらへば恋しかるべき夜半の月かな」と『百人一首』に載せる三条院が詠じた歌には、無念と存念が垣間見られるようだ。右の歌は退位直前の作とされる。王威の衰退に直面し現実を憂き世になぞらえる気持ちもあったはずだ。三条院にとって憂き世の遠因として道長の存在があったことも想像できるかもしれない。ちなみにその道長がわが世の絶頂を「望月」に喩えたのは三条院の「夜半の月」から二年後の寛仁二年（一〇一八）のことだった。同じ月ながら、両人の月の眺め方に相違もあった。

後一条天皇の皇太子として、この三条の皇子敦明親王の東宮実現となった。ここまでは東宮生母の娍子の期待も大きかった。だが、現実には東宮敦明は翌年の父三条の死を見届けるかのように、その直後の寛仁元年（一〇一七）、東宮を辞してしまう。済時一家にとって

〝期待の星〟であった敦明の退場によって、外戚への夢ははかなくも潰え去ることになる。

敦明の東宮辞退の件は、あるいは過去から学んだ敦明親王なりの知恵だったかもしれない。次期の天子の座を期待されながら、摂関との血縁が薄かったが故の不幸を知っていた。敦明は父三条や母娍子からの期待があったとしても、〝今後〟を見据えた場合、望むのは〝安全と安心〟だった。その判断もあるいは止むを得ないことだったのかもしれない。敦明親王が道長に要望したことは二つあった。尊号の授与が一つである。さらに道長の娘寛子（母は明子）を妻に迎えることだった。

小一条院の号を与えられ、太上天皇に准ぜられたことで〝負けない敗れ方〟を選択した敦明（小一条院）は、道長との〝対抗〟の道ではなく、〝寄生〟を選択した。

妻の寛子は万寿二年（一〇二五）に他界することになるが、そのおり、小一条院の嘆きは、妻を失ったこととは別に、道長の婿という関係が、無に帰することへの不安だった。当該期、道長の権勢は、王家一門を凌ぐ権勢を保持していた。以前にも紹介した毒瓜説話の流れも、そうした道長の権勢を前提に創作されたものだった。

三条天皇とその系統は、道長にとっては〝はばかる〟べき流れともなった。敦明親王とは別に、天皇には妍子との間に禎子が誕生したことは、前にもふれた。後に陽明門院と号した彼女は、摂関体制から院政への転換の役割を担う存在となる。

『愚管抄』（巻四）も指摘するように、この禎子を母としたのが後三条天皇で、摂関を外戚にしない天皇の登場によって、王朝国家はそれまでとは異なる体制への転換がはかられる。

三条天皇の子女たる陽明門院禎子は、あたかも父の遺志を継承するかのように、後三条を登場させた。道長が残した政治的遺産の軛《くびき》から、王家を解放することに寄与した。その後三条と道長の嫡子頼通の確執は、あたかも彼らの父たる三条天皇と道長との対抗関係の再生のごとき観もあった。

後一条天皇――「望月」のミカド

後一条天皇は一条天皇の皇子で、道長の娘彰子を生母とし、道長を外祖父とした。〝藤原王朝〟のカナメに当たる天皇ともいえる。寛仁―万寿―長元《ちょうげん》の年号にかかわったこの天皇は、道長の五十代から死去するまでの時期にあたる。道長が詠じた件《くだん》の「望月の歌」が寛仁二年（一〇一八）のことだったことからすれば、〝はばかる〟べき諸勢力――中関白家の人々や三条天皇や小一条院（敦明親王）――から解放された段階の天皇、ということができそうだ。

道長にとって初孫となるこの天皇は、九歳の幼さで即位して以来、その在位は二十年にわたる。父一条天皇と同じように長期だった。それは後一条天皇の後継たる敦明の皇太子辞退が大きかった。敦明が皇太子の地位を辞することがなければ、後一条の在位も短かったはずだ。歴史に〝もし〟はないとしても、後一条天皇の存在は、道長政権の命運を左右したといえそうだ。

後一条―後朱雀―後冷泉と皇位が継承されるに及び、それまでの冷泉系と円融系からの両統迭立《てつりつ》の皇位継承は、この後一条天皇で終わりを迎えることになる。その点でも注目される。さらに、一家三后の出現も大きい。寛仁二年（一〇一八）十月、道長の娘威子がこの後一条の后となる。道長は彰子（一条后）・妍子（三条后）についで、威子の入内で三人の娘が三天皇の后となった。「望月の歌」には当然ながら、そうした絶頂の道長の思惑が反映された。

ただ、一方では自身の健康への不安もあった。当時五十三歳だった道長は、翌年の三月に出家し、秋には東大寺で受戒をはたす。以降、念願の法成寺造立に向けて、人生の終着への準備をととのえることになる。既述のように、道長が出家したその年、外にあっては外圧・海防問題が喧《かまびす》しさを増す。女真族の侵攻である。寛仁三年（一〇一九）の「刀伊の入寇」の事件で、朝堂は大いに揺れる。

王朝の〝事変簿〟——悲劇の親王たち

「Ⅱ　藤原道長の章」の最後として、道長が関係した二人の親王たち（敦康親王・敦明親王）の悲劇についてもおさらいしておく。この両人に共通したのは、ともに道長の娘たちの所生ではなかったことだ。順調に行けば、帝位を約束された親王たちだった。敦康については、その母は定子である。彼は長保元年（九九九）に一条天皇第一皇子として誕生した。「長徳の変」での配流先から帰京が許された伊周・隆家にとって、敦康は〝期待の星〟だった。

敦康誕生と時を同じくして、道長の娘彰子が十三歳で一条天皇に入内する。中関白家にとっての暗雲のおとずれだ。定子の死がそれを現実のものとなる。翌年冬に媄子内親王を出産後に定子は死去する。母定子を失った敦康は、厳しい環境下で育つことになる。父の一条天皇も定子所生の敦康への期待も大きく、寛弘七年（一〇一〇）には元服、帥宮《そちのみや》さらには式部卿《しきぶきょう》として成長していった。

一方、彰子と一条天皇の間に寛弘五年（一〇〇八）、敦成親王が誕生する。天皇は定子所

【藤原氏・天皇家関係系図】

＊四角囲みは天皇

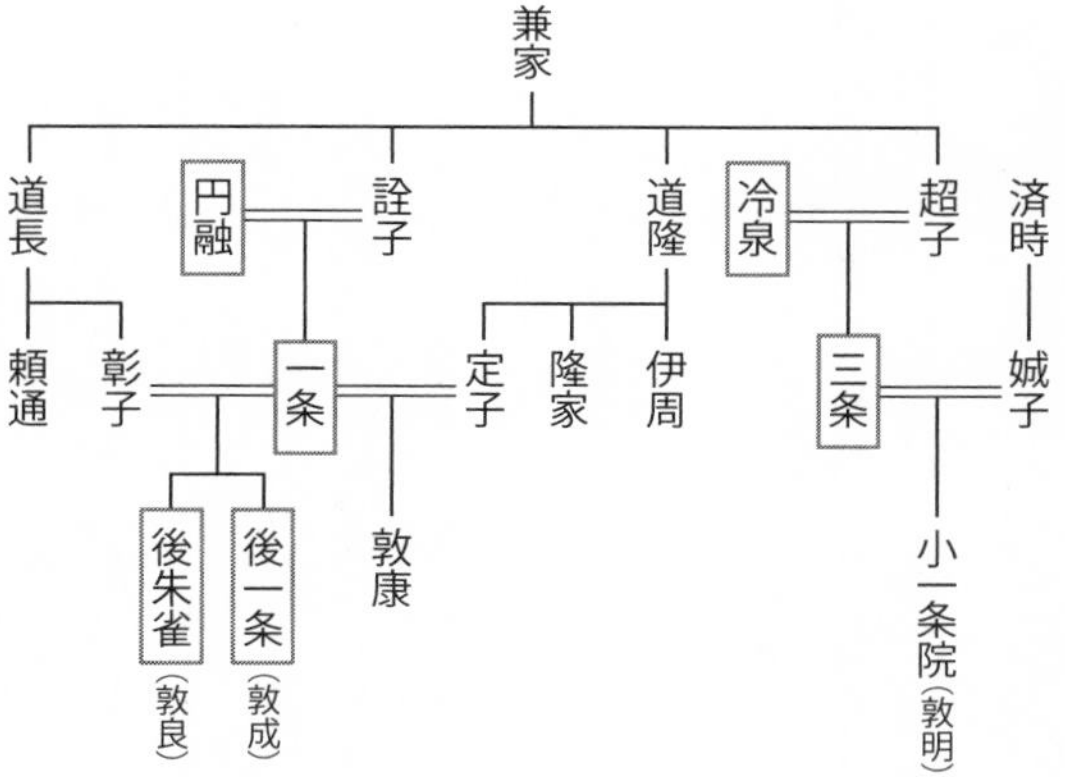

生の敦康か、彰子所生の敦成かの選択を迫られる。結果的には道長の権勢をはばかり、敦成を選ぶことになる。『大鏡』〈道隆伝〉には、敦康親王の周囲にあって唯一ともいえる後見的立場の隆家は、優柔な決断をなした一条天皇に対して、「人非人」と発言するなど、落胆を隠さなかったという。

たしかに、一条天皇も亡き定子が残した敦康への想いは強く、道長の権勢に従う天皇自身も忸怩《じくじ》たる想いがあったはずだ。天皇という立場にありながら、自分の意志を全うできない決断力不足への隆家からの指弾も、それなりの理由があった。

皇位から排された敦康親王に、チャンスがなかったわけではない。実父一条天皇の譲位のおりがその一つ。二つ目は三条天皇譲位の時期であり、最後が後述の小一条院（敦明親王）の東宮退位の段階だ。けれども、いずれもが道長の力が作用して、機会を得られずじまいで、寛仁二年（一〇一八）、わずか二十歳で死去した。

中関白家の期待を担いながら、不運な皇子への同情も厚く、『枕草子』はもとより、『栄花物語』にも、その様子が詳しく語られている。この敦康の境涯については、養母の立場で幼少時より世話をした彰子も、道長とは意見を異にしていた。彼の皇位継承には彰子も前向きだったからだ。

『権記《ごんき》』（藤原行成の日記・寛弘八年〈一〇一一〉五月二十七日条）には、その彰子の敦康親王への東宮実現に向けての意見が記されていた。『栄花物語』からも敦成親王の立太子を考える父道長との間に、微妙な齟齬があったことがうかがえる。そこには一条天皇の意向を忖度《そんたく》する彰子なりの気配りも見える。

結果的には敦康親王は、具平《ともひら》親王（村上源氏）の婿となり、安全圏に身を置くこととなった。具平親王家は頼通と婚姻関係を有し、そうした形で自己の存立を確保したともいい得る。それにしても中関白家の不幸は、敦康親王という玉を手中にしながら、東宮擁立のその時期に、祖父道隆、母定子、そして叔父伊周といった人々を失ったことの不幸が大きかった。

敦明親王の場合

二人目が敦明親王だ。三条天皇の第一皇子で、母は済時の娘娍子。正暦五年（九九四）の誕生とされる。十三歳で元服し、長和五年（一〇一六）父三条の譲位後即位する、後一条天皇の東宮となった。しかし、敦明は一年有余で東宮を辞退する。東宮辞退の一件は、道長のプレッシャーにつぶされたともいい得る。

院号（小一条院）を得て太上天皇に准ずる待遇を得ること、さらに道長の第二夫人明子所生の寛子との婚姻を実現することで、敦康は自身の立ち位置の保全をはかった。道長との対抗・対立よりは、協調の方向を選択したことになる。彼の場合も母は道長の娘ではなかった。

三条天皇は東宮時代が長く、天皇即位後に迎えた道長の娘妍子以前に、娍子との間に敦明親王が誕生していた。娍子の父済時は師尹の二男で「小一条大将」と呼ばれた。済時は敦明親王誕生の翌年に死去しており、その点でも後見亡き母子の立場は厳しいものだった。眼病を患った父三条天皇は、この敦明親王への皇位継承を前提に譲位することになったが、結果的には空振りとなった。

以上、二人の親王について共通したのは後見なき弱さだった。一条天皇そして三条天皇と、それぞれに分別ある天皇を父に持ちながら、かつ父の天皇たちの期待を背負いながらも外戚の力量に限界があったが故に、道長の権勢には抗し切れなかったことになる。

無念の天皇たち

残念さを残した二人の親王たちだったが、彼らの父、すなわち一条・三条両天皇も無念が残った。道長は特段の陰謀をなしたわけではない。けれども、存在としての重さが、天皇たちの力をも無化する方向に働いた。このあたりが、道長が「専横」の権化とされる所以《ゆえん》でもあったろう。「藤原氏擅権《せんけん》」(『国史眼』)などの呼称で、近代以降の史書でも紹介されてきた。

考えてみれば一条と三条の両天皇との関係如何が、その後の政治の安定度に繋がったともいえる。道長の皇太子選定の論理は、外戚確保に向けての恣意性として、しばしば解釈される。が、見方を変えるならば〝王権〟(天皇を中心として太上天皇や皇后及びその実家などにより体現される権力)内部での安定性への方策でもあった。一条天皇の皇位継承者への選択眼には厳しい現実への考慮がはたらいていた。不安定な王権の現出による混乱の阻止であった。

敦康親王についての道長の存念と、一条の無念さは、立脚する論理を異にした。道長の存念とは、後見なき親王の孤立に由来する政治基盤の弱さが動揺を招きかねないとの思惑だった。一条の無念とは、自己の信念を貫くことができなかったことへの後悔だ。自身の弱さへの悔悟に他ならない。道長の立場としては、一見すれば私的な権力欲の推進のための〝私の論理〟のようだが、公権の体現者たるべき天皇への途《みち》は、〝外戚力〟が前提との考え方だった。その点では、一条天皇の敦康親王への想いは、亡き定子への情愛に支えられていたとしても、〝公の論理〟ではなかった。

同様のことは三条天皇の場合とて変わりはない。天皇の失明の危機に加え、内裏焼失という不測の事態の重なりのなかで、道長が三条天皇に譲位をうながした。これに加えて皇子敦明親王の皇太子辞退の全てもが、道長の陰謀との見方がある。それも道長悪玉論から導き出されたものだろう。

三条天皇自身、道長と諸種の対立があったことは間違いない。とはいえ、失明の危機にともなう政務不能は〝公の論理〟からすれば、退位を勧めることも順当だろう。道長とて、娘妍子と三条天皇との間に男子誕生を期待した。その思惑は外れたものの、それだけのことだ。妍子に皇子誕生の機会がなくなったわけではないからだ。それとは別に、譲位を前提とした娀子所生の敦明親王の東宮確保は、三条天皇にとって望ましいことだった。未知なる〝後〟よりは、〝今〟こその譲位、と判断したにちがいない。

そこに道長が介在する余地は少なかった。当然、敦明以後は円融系の皇太子となる流れだった。けれども敦明自身の判断で皇太子辞退ということになり、これまた道長自身が関知したわけではない。そうした点からすれば、道長時代の二人の天皇たちとの関係は、固定的な負の評価のみでは、語れない面もあるようだ。道長へのネガティブ・キャンペーンは、ひとえに、天皇親政主義を是とするところに由来する。その内部に分け入れば、結局は天皇を蔑《ないがし》ろにした道長→外戚の専権→摂関政治という構図を〝権代〟のごときものとして否定しようとする解釈に由来した。

だが、考えてみれば、〝天皇親政〟が果たして是であるか否かは、不明というほかはない。天皇が自らの判断で政治を為す「親政」志向は、当然、責任がともなう。今日風にいえば〝政治責任〟である。とすれば道長が主導した王朝の体制は、天皇が政治からあるいは権力から距離を保つためのシステム、要は天皇不執政の布石を準備させたともいい得る。

Ⅲ

紫式部の章

「Ⅱ　藤原道長の章」に続き、ここではほぼ同世代（道長の四歳ほど下）に属した紫式部（以下、式部と略称）について語りたい。『源氏物語』が織り成す王朝の雅《みやび》を象徴する人物だ。定番の「紫式部」論なり「源氏物語」論は、了解の内として話を進めよう。とはいえ、彼女の生涯については、道長と同じく年代記風におさえておく必要もある。

「まえがき」にも記したように、道長の世界は「貴族道」なるものを射程に入れ、貴族社会の実相にスポットを当てた。ここでは〝女房の時代〟をキーワードに、後宮世界にも目を転じたい。併せて彼女は父為時《ためとき》とともに越前へと下向《げこう》、地方社会の実情を見聞したはずで、地方の様子についてもふれることになろう。

式部については『源氏物語』と表裏一体の関係で論ぜられてきた。問題はそこではない。ロマン的要素とは別に、宮廷世界のドライな現実についても、考えてみたい。一方で、式部も含め王朝の女房たちの〝女子力〟にも注目したいからだ。これも王朝時代の特色だった。言わずもがなではあるが、摂関政治を根底で規定したのは、その〝女子力〟だった。

一　紫式部の周辺――「寒門」女房の群像

「女房」と王朝

　平安後期の王朝期は「女房」を輩出し、〝才女の季節〟ともいうべき時代を現出させた。紫式部が、清少納言が、そして和泉式部《いずみしきぶ》もいた。著名な藤原定家による『百人一首』にも、彼女たちの歌が見えている。そこでは女房たちの群像とも呼び得る世界が見える。「56番」から「62番」の歌だ。

　ちなみに紫式部の「めぐり逢ひて～」で始まる歌は、57番に位置する。意図的ではない配列、単に時間的な流れでの『百人一首』の配列に、偶然が織り成す時代の本質が滲み出ている。彼女たちも、王朝の語感を共有した女房たちであり、一条天皇の後宮に出仕した彼女らの存在と役割は小さくなかった。

　ここでの主役、紫式部の『源氏物語』の起筆の時期は、彰子《しょうし》への出仕以前だとしても、その後の十年近い彼女の宮廷生活でのキャリアも、肥しとなっていたはずだ。

それでは、そうした〝女房〟たちを登場させた背景は何であったのか。一つは彼女たちが受領《ずりょう》層の娘たちだったことが大きい。要は、教養と知識を授けられる知力の持ち主たることが期待された。狭い世界しか知らない天子のために、話題の豊かさは后妃たることの条件だろう。容姿のみではない心馳せと教養である。それを伝授する役割が女房たちに期待された。〝世間〟を知らしめるための知的装置こそが、女房の存在だった。

王朝国家の一つの特色は、後にも指摘するように、都鄙《とひ》の交流が人的に拡大したことだ。律令を原理とした古代の国家は、しばしばトンネル国家に形容される。王朝国家は、その外被が変化する段階にあたる、いわば外被に肉付けがなされる過程のなかで、制度と実態が一体化する段階にあたる。トンネルという骨格に、肉付けがなされる段階、それが王朝の時代だった。

外被への肉付けの役割として、中央と地方の架橋をなしたのが、国司・受領層たちだった。その子女たちは都にとどまる場合もあれば、式部のように、父とともに現地へ赴くこともある。かりに現地に赴かずとも、都にいながら知識として、地方という〝世間〟を知り得る材料が与えられた。彼女たちのそうした直接・間接の経験知は、宮廷内にあって、後宮世界への〝触媒〟となったはずだ。

「権門《けんもん》」（権勢のある家柄）と「寒門《かんもん》」（貧しい家柄）の連結装置の役割を担った存在だった。都鄙交流の立て役者としての受領の存在、その受領の娘たちが女房として宮中に出仕する。そうした流れが后妃たちへの知的好奇心の伝達者を育む。

〝世間〟を繋ぐ〝調教師〟役

興味深いのは紫式部を含めて、清少納言、さらに和泉式部たちの恋や結婚の相手には、「兵《つわもの》」や「武者」たちが少なくないことだ。紫式部の場合、正式の結婚相手は藤原宣孝《のぶたか》で受領経験を有した文人貴族だが、後述するように藤原保昌《やすまさ》のような「兵受領《つわものずりょう》」との交渉もあったらしい。彼は和泉式部の夫となる人物としても知られる。

そして清少納言もまた橘則光《たちばなののりみつ》を夫に持った。彼は歌の才を有したロマンチストではなく、ドライな武的領有者だった。いわば〝マッチョ〟型を好む傾向が無いとはいえまい。彼女たちは、貴族的な〝草食系〟よりは、〝肉食系〟に興味をそそられた向きもあるようだ。

彼ら王朝武者は、〝裏〟や〝闇〟の世間にも通じていた。多くの女房たちにとって、異質な世界の見聞は、その知的好奇心を高めたはずだ。

後宮世界についていえば、女房たちの少なからずは、〝初開経験〟者だとされる。后妃候補以外、男女の仲に〝未知〟なる女性は必要ない。むしろ〝既知〟（男女の仲を知る）たる女房たちを必要とした。国母候補の后妃たちに〝未知〟なる世界を伝授する役割も、彼女たちは担っていた。

〝知〟をどのレベルで解釈するかにもよるが、彼ら女房たちが、総じて受領層に出自を有したことは大きかった。いわば封印されていた宮廷世界への〝知〟の拡散者だった。『源氏物語』での男女の性的営為には、想像を超えたリアリティーがともなった。見聞に裏打ちされた男女の愛憎を自己のセンサーで濾過《ろか》し、それを紡ぐ作業は式部自身の才能に依るとしても、それなりの体験も前提となる。後宮世界にあっては、公卿《くぎょう》の御曹司たちも含め、ハイソな男性たちも好色を隠さない。そうした上流貴族たちによるラブロマンスは、人間観察の絶好の場ともなったはずだ。

『源氏物語』の物怪

怨霊や生霊《いきりょう》、さらには鬼神・物怪《もののけ》は『源氏物語』にも、しばしば登場する。それらは男女の情念と重なるように語られている。本書の冒頭での『源氏供養《くよう》』でも、そうした世界が広がっていた。有名なのは六条御息所《ろくじょうのみやすどころ》の生霊だろう。光源氏が十代の後半から情を通わせたこの女性は、某大臣の娘とされる。桐壺帝と同腹の弟である皇太子と結婚、姫君を生むが、その後皇太子と死別し、七歳下の光源氏と深い関係となる。彼女の源氏への思慕は強まるが、光源氏は別の女性へと心を移す。

このあたりは〝源氏ツウ〟を自任されている読者には自明だろう。かくして屈折した御息所の怨念は怨霊と化し、光源氏が想いを馳せる夕顔にも取り憑くことになる。夕顔を取り殺す物怪は、直接には廃院にもとからいたものだが、御息所の生霊も含まれているとされる。

御息所の嫉妬は、生霊という形で葵上に憑く場面で、一層明白となる。賀茂社《かもしゃ》の葵祭での物見車の所争いにさいし、六条御息所は葵上の下人に恥辱をこうむり、プライドが傷つく。葵上はその御息所の怨念で死ぬこととなり、光源氏と御息所の溝は深まる。「賢木《さかき》」の巻では、娘とともに伊勢への下向を決心する御息所に対して、源氏は野宮《ののみや》に訪れ彼女との別離が描かれる。

この六条御息所に関係した怨霊・物怪譚は、『源氏物語』という固有の場を超えて、後世、さまざまな文芸分野にも影響を与える。能の名作『葵上《あおいのうえ》』（世阿弥の改作）はその代表だろうし、同じく室町期のものでは御伽草子の『火桶の草子』にも、この六条

――御息所の生霊の件が取沙汰されている。――

紫式部と和泉式部の違い

王朝文学は色恋沙汰を抜きにしては語れない。それはその担い手たる女房たちがその場に身を置くことでの経験が大きい。「恋は曲者《くせもの》」（謡曲『花月』）の語があるように、自身がその虜《とりこ》になることもあった。そんな自己をも許容するか否かが、紫式部と和泉式部の違いかもしれない。紫式部は、色恋に酩酊できないタイプだったと思われる。それへの彼女なりの自覚が散文へと走らせた。けれども彼女はそれなりに愛欲の世界も心得ていたが故に〝仮想現実〟を伝えることもできた。光源氏が義母の藤壺への禁断の恋のように、である。

他方、和泉式部の場合は、為尊《ためたか》・敦道《あつみち》両親王（父冷泉《れいぜい》天皇）たちとの恋愛事情が語るように、恋の世界に没入できた。自身を恋の情念と同居させることに、こだわらない立場だ。〝世間〟の目を気にかけて、常に立つ瀬の確保を求める紫式部とは、好対照なのかもしれない。

女房たちは権門関係者にも接近できた。真偽は定かではないが、紫式部自身も『尊卑分《そんぴぶん》脈《みゃく》』には「御堂関白道長ノ妾」と見えるくらいだから、出仕女房の世界はそれなりに深い。

いずれにしても王朝の語感と、女房の存在は一体だった。彼女たちの知的エネルギーは都と鄙を結ぶ役目、そして宮中にあっては世間なるものの伝導役を果たすことになる。

〝才女の季節〟――寒門女子の意地

『百人一首』53番の「右大将道綱母」から62番の「清少納言」までは、55番の藤原公任《きんとう》を除いてズラリと女流歌人たちが顔をそろえる。〝才女の季節〟ともいうべき状況だ。ここでは、この才女たちを輩出した時代性についてもふれておきたい。一三七頁の略系図は主要な女流作家の関係を示したものだ。

まず才女の季節ともよべるほどに、宮廷女房を輩出させた彼女たちの血筋だ。女官として出仕した彼女たちは、局・房（部屋）を与えられる。平安期に入ると後宮の拡大で、彼女たちの活躍の場も広がった。

彼女たちが直接、間接に見聞した世界が文芸創作の肥しになったことは、疑いないはずだ。

清少納言についていえば、父清原元輔《きよはらのもとすけ》（42「契りきなかたみに袖をしぼりつつ……」の作者）が河内《かわち》や肥後の国司の経験を持ち、二人目の夫は摂津守《せっつのかみ》藤原棟世《むねよ》だった。ついでにいえば、元輔の肥後守就任は高齢でのことで、有名な『枕草子』(「すさまじきもの」)の除目《じもく》のおりの悲哀の光景には、何度も任にもれた父元輔の原体験が、投影されているとされる。受領の娘という点では、『百人一首』には登場しないが、『更級日記《さらしな》』の作者の菅原孝標《すがわらのたかすえ》の娘も同じだ。『更級日記』は父の任国の上総《かずさ》から都までの道すがらのことどもが、体験として描写されている。

このほかにも和泉式部も父の大江雅致《まさむね》は越前守《えちぜんのかみ》、母は越中守《えっちゅうのかみ》平保衡《やすひら》の娘、和泉式部の前夫は和泉守橘道貞《たちばなのみちさだ》、後の夫は兵として名高い丹後守《たんごのかみ》藤原保昌だった。『栄花物語』の作者とされる赤染衛門《あかぞめえもん》(59「やすらはで寝なましものをさ夜ふけて……」の作者)の実父平兼盛は越前・駿河守《するがのかみ》であり、歌人としても名高い(40「忍ぶれど色に出でにけり我が恋は……」の作者)。義父の赤染時用《ときもち》は大隅守《おおすみのかみ》だった。彼女も上東門院彰子に仕え、その後、大江匡衡《まさひら》に嫁し、長保《ちょうほう》三年(一〇〇一)、匡衡の尾張守《おわりのかみ》赴任とともに下向している。在任中の種々の逸話(農民たちの官物《かんもつ》の未納解消のために、一宮真清田《ますみだ》社に奉幣献歌して夫の窮地を脱した)などの話も伝えられている。

以上、王朝の才女たちの多くは、中下級貴族に属する受領層に出自を有していた。彼女たちの教養も、その環境のなかで育まれた。紫式部自身についていえば、父祖以来、漢詩

【女流作家関係略系図】

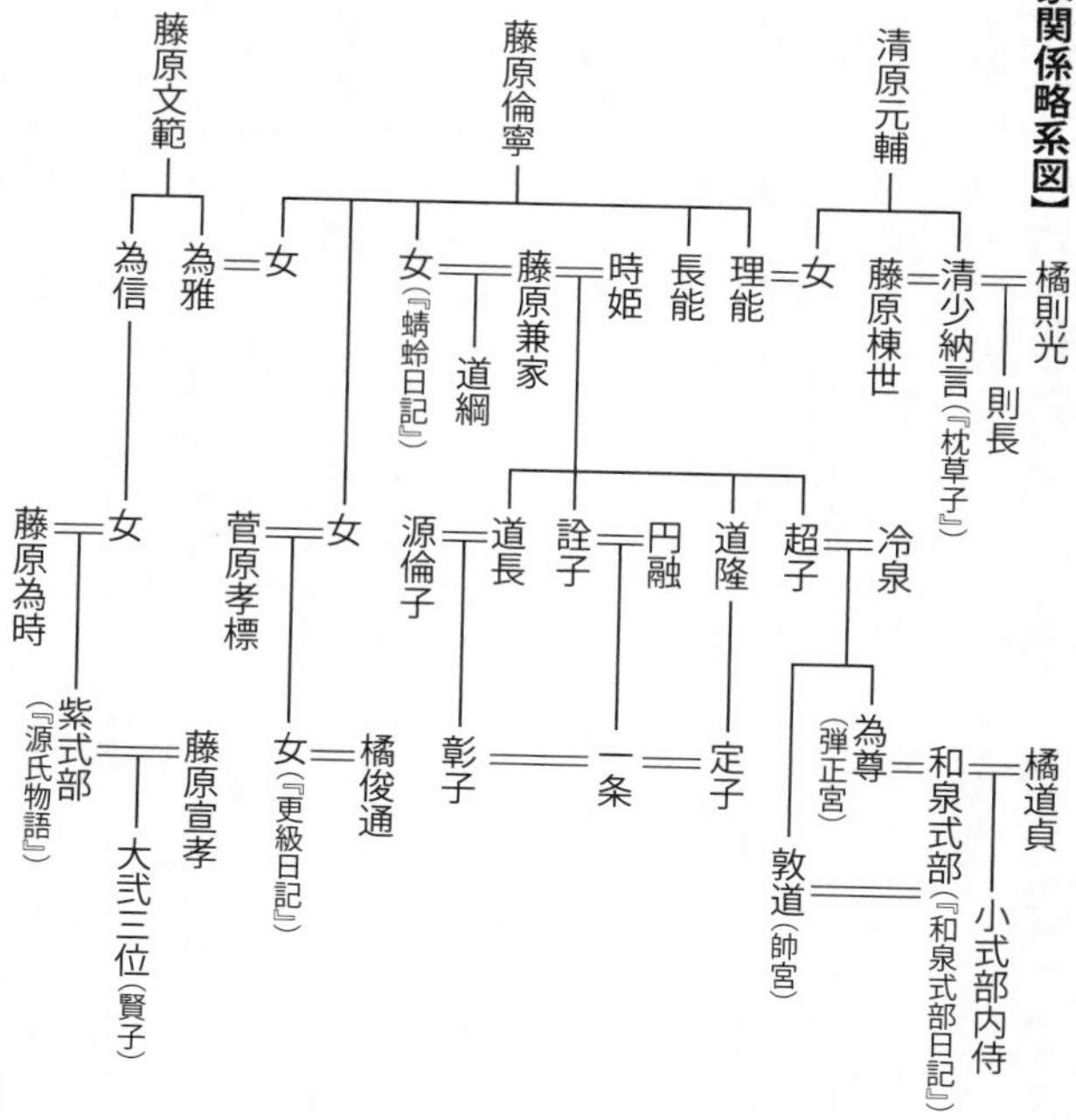

清原元輔
藤原倫寧
藤原文範
橘則光
清少納言（『枕草子』）
則長
藤原棟世
女
理能
長能
時姫
藤原兼家
道綱
女（『蜻蛉日記』）
女
為雅
為信
冷泉
超子
道隆
円融
詮子
道長
源倫子
女
菅原孝標
女
藤原為時
為尊（弾正宮）
敦道（帥宮）
和泉式部（『和泉式部日記』）
橘道貞
小式部内侍
定子
一条
彰子
橘俊通
女（『更級日記』）
藤原宣孝
紫式部（『源氏物語』）
大弐三位（賢子）

や和歌に秀作を残した家系に属していたことも大きい。

詩歌の才は官人社会に必須の教養で、その力量如何《いかん》が人生の浮沈につながる場面も少なくなかった。藤原明衡《あきひら》の『本朝文粋《ほんちょうもんずい》』に見える多くの詩文には、そうした文人貴族たちの力量をうかがわせる作品も見えている。

『今昔物語』やその後の『古事談』『十訓抄《じっきんしょう》』などの説話集には、王朝人の猟官運動における悲哀のエピソードが収録されており、王朝人の詩歌に関するエートス（心情）を汲み取ることができる。

後宮世界での式部の位置

宮中で天皇・皇后に仕えたのが女官だ。それは公的な令制のシステムによるものと、有力貴族による私的なお抱え女房のケースがあった。紫式部の場合、後者に属し、道長―彰子を主人とした。一般に令制では、女官を監督する役所は内侍司《ないしのつかさ》と称した。「尚侍《ないしのかみ》」（二人。出身者の多くは上級公卿《くぎょう》の娘）、「典侍《ないしのすけ》」（四人。中級クラスの娘）、「掌侍《ないしのじょう》」（四人。受領クラスの娘）そして女孺《にょじゅ》と称された雑用をなす女官からなる。このうち「尚侍」は天皇に近仕、後宮の統括を任とし、天皇の意思を代行する「内侍《ないし》宣《せん》」は重視された。内侍司の女官は温明殿《うんめいでん》（七四頁図参照）に詰めて神鏡《しんきょう》を護ることを任とした。そのため温明殿を内侍所とも称し、転じて神鏡それ自体の呼称ともされた。「尚侍」は天皇の寝所に侍したため、女御《にょうご》と同様の存在と解された。そうしたことから、内侍司の実務は、次第に「典侍」「掌侍」に移行するようになる。

平安中期以降、内侍の中心は「掌侍」が担うが、その首席は『太平記』でもお馴染みの「勾当内侍《こうとうのないし》」といった。

王朝期にはそうした女官と類似の立場として、女房がいた。女官と女房は広くは重なるものの、女房の方が私的要素が強い。

ちなみに宮中の女官は房（部屋）を与えられる。「女房」の呼称の由来だ。女房はその点では権門付きの女官で、半官半民でもある。式部の場合、道長の家から給与が与えられたことになる。その点では定子に仕えた清少納言もそうだった。だから主人たる立場が宮中を去れば、自身も身を引くのが慣わしだった。

宮中出仕の女官・女房たちは親の立場でランクが決定する。概していえば、式部の場合は公的な内侍司のレベルでは、「掌侍」とその下の命婦《みょうぶ》ランクとされており、ほぼ「中﨟《ちゅうろう》」に該当するようだ。

二　紫式部――ファミリー・ヒストリー

父方の来歴

式部の家筋についてはどうか。まずは父方の藤原為時の流れからふり返っておく。北家出身ながら、摂関の家柄の良房《よしふさ》流ではなく良門《よしかど》流に属した。平安初期の嵯峨《さが》天皇の時代に活躍した北家冬嗣《ふゆつぐ》の庶子にあたる。兄の良房は嫡流として清和《せいわ》天皇の摂政となった、良門は、『尊卑分脈』では二人の子息利基《としもと》・高藤《たかふじ》がおり、式部はその利基の門流の子孫だった。一方、高藤の末裔は、式部の夫となる宣孝がいた。

式部の父方の祖となる利基から以降、兼輔《かねすけ》―雅正《まさただ》―為時《ためとき》に至る流れとなる。注目されるのは兼輔だ。彼は中納言の官職を得て公卿の仲間入りをはたす。上級貴族への転身をはたしたからだ。その子雅正は周防《すおう》・豊前《ぶぜん》などの国守《こくしゅ》を歴任したが、父兼輔と異なり公卿レベルには到達できなかった。そして式部の父為時の代にいたる。彼も正五位下《しょうごいのげ》、越前守や越後守《えちごのかみ》などの北国の受領の経験者だった。いわば四位《しい》、五位の中下級貴族の典型だった。

当時公卿と呼ばれる三位《さんみ》以上の上級貴族は、制度上は「貴」と位置づけられた。これに対し、四位五位の位階ランクは「通貴」に位置し、広くは正規の貴族に準ずる立場だった。式部にいたる歴代は中級貴族といえるが、彼女の曽祖父の兼輔だけは公卿だった。『兼輔集』などの作品でもわかるように、歌才も豊かだった。ちなみに『源氏物語』にも、この兼輔の歌が随所に引用されており、彼女が祖父に寄せた想いを知ることができそうだ。

兼輔は「みかの原　わきて流るる　泉川　いつみきとてか　恋しかるらん」との『百人一首』(27番)の作者としても知られており、三十六歌仙の一人だった。兼輔には「人の親の　心は闇に　あらねども　子を思ふ道に　まどひぬるかな」の『後撰集《ごせんしゅう》』所載の親心を詠じた歌もよく知られる。この歌は醍醐《だいご》天皇の更衣《こうい》となった娘の身を案じたものとされる。『源氏物語』の舞台は諸種の議論はあるものの、時代的には醍醐朝の頃とされる。その冒頭部分には桐壺更衣が登場するが、あるいはこの兼輔の更衣となった娘が記憶にあったかもしれない。後にもふれるように、兼輔は賀茂川《かもがわ》堤に邸宅があったことで堤中納言と呼ばれた。その妻は歌人として、これまた知られる藤原定方《さだかた》の娘だった。式部にとっては曽祖父ながらその歌才は、兼輔以来のものだった。

父系血筋の躓き

式部への影響力といえば、父為時の兄為頼《ためより》の影響もあった。血筋的には伯父にあたる。為頼は勅撰集に十一首を載せ、自身の歌集に『為頼集』もある。曽祖父兼輔が歌人サロンで活躍したとすれば、為頼は受領ポストに就きながら、花山《かざん》天皇の時代に頭目をあらわした。花山天皇に娘を入内《じゅだい》させた藤原頼忠（父実頼）家の歌会サロンにも出席するなど、花山系の人脈に繋《つな》がりを有した。ただし、同天皇の在位は「寛和《かんな》の変」（一〇六頁参照）により二年と短命だった。

式部一家の場合、父為時も為頼の場合も、花山朝での人事が影響した。花山天皇にかかわる人脈で、中下級貴族ながらその後の出世が期待されたからだ。

永観《えいかん》二年（九八四）に師貞《もろさだ》親王は即位、天皇（花山）となる。式部の父や伯父の位階は上昇、一族への順風が期待された。だが、天皇の突然の退位と出家にともない期待は潰れる。中下級貴族の出世の運命は、天皇の外戚とどう繋がるかが大きかった。式部の父方の躓《つまず》きは、その花山天皇との関係によっていた。

式部の父為時の場合も、その花山天皇の「寛和の変」で沈むこととなる。式部は十歳の幼少期より父から漢籍の教育を受けた。幼少期での教育はその後の素養と結びつき、『源氏物語』にも彩りを添えている。伯父為頼からは和歌の才を、父からは漢学の才を与えられた。紀伝道《きでんどう》（歴史学）や文章道《もんじょうどう》（漢文学）での修練を積んだ、父為時からの賜物ともいえる。

【紫式部略系図】

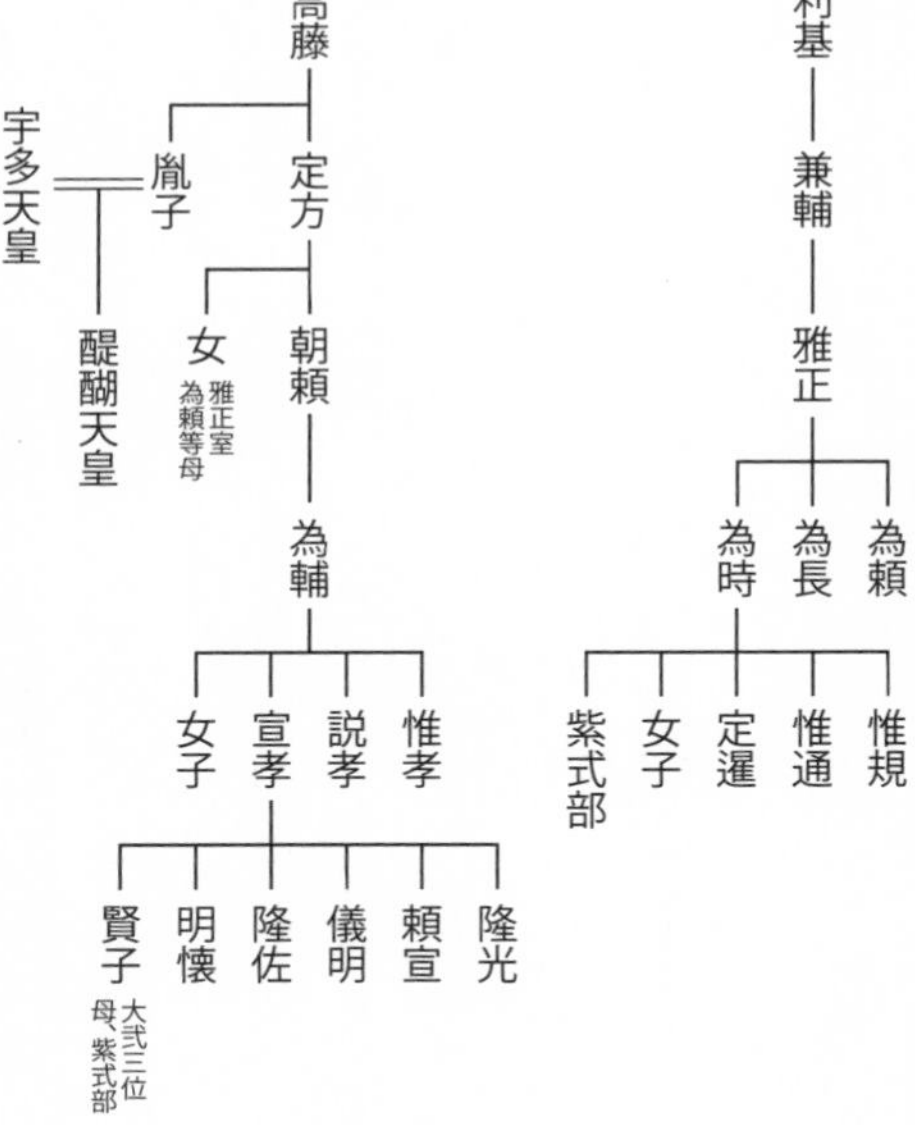

その為時は貞元《じょうげん》二年（九七七）、花山天皇の東宮時代に副侍読《ふくじどく》を務めた。花山朝で為時は式部丞《しきぶのじょう》の官位を得る。「紫式部」の名はこの父の官職に由来する。けれども伯父同様、父為時もまた天皇の退位により、散位（位階のみで官職がない）の悲哀を味わわされる。

十年後、為時は受領のポストを与えられる。寒門の出身者にとって受領になれるか否かが、大きい分岐点だった。一条天皇の長徳《ちょうとく》二年（九九六）の正月の除目で、念願の受領となった（『日本紀略』）。

当初、為時の任国は淡路国《あわじのくに》だった。だが淡路は大国ではない。為時は「苦学ノ寒夜、紅涙襟ヲウルホス」（寒き夜の苦学も甲斐なく希望の地位につけず、血の涙にむせびます）との漢詩を提出、それが道長や一条帝の心を動かし、大国越前国守への就任が実現したとの逸話（『今昔物語』巻二十四―三十）もある。

いわば〝芸ハ身ヲ助ク〟のとおりになった。〝詩徳〟説話に類した内容で、興味深いものがある。文才（漢詩）のおかげで任官できたというのが事実かどうかは別にしても、父為時の漢才については、右の逸話が創られるほどに優れていたようだ。『源氏物語』にも語られている多くの中国故事には、そうした為時からの影響もあったはずだ。

母方の来歴

式部の才能は遺伝要素もあれば、環境もあった。父方のみならず、母方からのものもあった。母は式部が四歳のころに他界する。母の父藤原為信《ためのぶ》は『尊卑分脈』によれば、常陸《ひたちの》介《すけ》や右馬頭《うまのかみ》を歴任、これまた受領層に位置した。その父文範《ふみのり》は従二位《じゅにい》・中納言・民部卿《みんぶきょう》・中納言とあり、公卿の地位にあった。

次頁の系図を見てもらえば分かるように、外祖父為信の兄弟に為雅《ためまさ》がいる。彼は藤原倫《とも》寧《やす》の三人の娘のひとりと結ばれている。この為雅の娘は義懐《よしちか》の妻だった。

義懐（伊尹《これただ》の五男）は前述した花山天皇の側近として、その将来を嘱望された。義懐は美男の誉高く、その妹は冷泉天皇に入内、花山天皇を生んだ。その関係で花山天皇の即位の翌年、二十九歳で参議となった。ただ残念ながら天皇が退位したために、出家を余儀なくされた悲劇の人でもあった。式部の母方の家系で特筆されるのは、式部の母の伯父為雅の妻側の華麗なる文人ファミリーの流れだ。

為雅の妻の姉妹に『蜻蛉日記《かげろうにっき》』の作者・藤原道綱の母もいた。もう一人『更級日記』の作者の母もいた。そして兄弟には長能《ながよし》がいる。彼は謡曲「高砂《たかさご》」の「有情非情の其声、み

【紫式部周辺の系図】

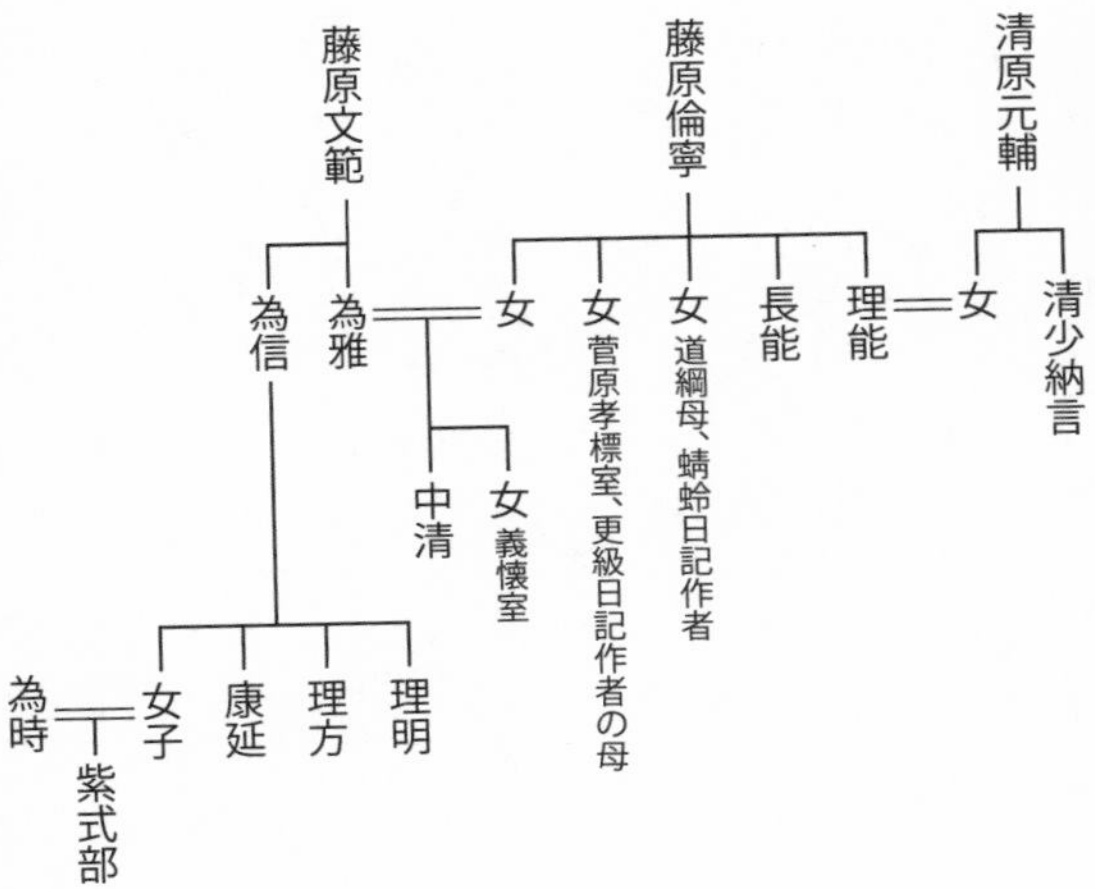

な歌にもるる事なし」のフレーズでも知られる歌人だ。さらにその兄理能《まさとう》の妻方には清原元輔の娘清少納言もいる。

およそ式部の母方の家筋は父方に劣らず、むしろそれ以上の文才の子女たちで溢れている。

中世への傾きを強くした王朝国家の時代は、「家格」「家職」「家業」等々、「家」にまつわる用語が頻出する。血脈上の「家筋」も似たものだろう。上流の公卿クラスの「家」それぞれの明確な風貌が完成するのは院政期以降としても、摂関期はその「家」が職能により、自己の位置を鮮明に語り始める段階だった。

例えば「家ヲ継ギタル兵」（『今昔物語』

巻二十五―七）の語が伝えるように、相伝されるべきは〝文の道〟のみではなかった。〝兵の道〟すなわち〝武の道〟であっても、社会的認知・追認としての「家ヲ継ギタル」〝立場〟が重視された。その点では「家」に属することで身分に対応する〝立場〟の形成がなされた段階だった。王朝国家とは、そうした時代だった。

性格を推測すれば

宮中で『源氏物語』は好評を博した。一条天皇も実は内々に読んでいたらしいことは、『紫式部日記』からもうかがわれるようだ。式部を評し「この人は『日本紀』こそ読みたるべけれ」と語ったという。ここでの「日本紀」とは日本の歴史というほどの意味だ。式部こそは日本の歴史を講釈できそうな人だ、との評なのだろう。「『日本紀』の御局《みつぼね》」のニックネームも与えられた。そうした評について、彼女自身は知識を積極的にアピールするタイプではなかった。そのあたりは、清少納言のような女性とも、あるいは和泉式部のようなタイプとも一線を画した。

「随筆」というスタイルで自己を語る清少納言は、彼女の有した文才を出すことに遠慮はなかった。自負心をともなうある種の〝明るさ〟と解されている。また和泉式部のような情熱の歌人タイプは、『大鏡』〈道隆伝〉が語るように、恋人を次々と変えながら、自由かつ奔放に振舞う強さがあった。要は他人の目をはね返す強さだ。

ちなみに『紫式部日記』には和泉式部や清少納言についての批評らしきものが見える。「和泉式部といふ人こそ、おもしろう書きかはしける」（趣深い手紙のやり取りをした）と彼女の歌才を認めつつも他人の歌を非難することも少なくなく、そんな性格は感心できない旨が語られている。また清少納言についても「したり顔にいみじうはべりける人」（得意顔もはなはだしい人物）と手厳しい。中関白家に仕えた清少納言への対抗心もあったにしても、いささか冷ややかだ。

この両人の場合はその性格的ベクトルは、〝外〟だった。そして、それに比べ式部は明らかに〝内〟なる方向に向けられる。『源氏物語』を結晶化させた式部とは、そんなタイプだったのかも。そんな内面を象徴するかのような歌が『紫式部集』に見えている。「身の憂きは心のうちに慕ひきていま九重《ここのえ》ぞ思ひ乱るる」。華麗な宮中に身を置きつつも自身から切り離せない「身の憂き」が語られている。内省的な彼女の性格が見て取れる。

姉弟たち

環境への自覚が芽生えるのは一般的に三歳から四歳の頃とされる。家庭内での自身の立場もそれに入る。兄弟姉妹たちの関係性もそうだ。幼少期に母を亡くしたこともあり、彼女の姉弟たちとの関係は深かったようだ。式部には一歳年上の姉がいた。姉の誕生の前年は、「安和《あんな》の変」が勃発した時期にあたる。

その姉は二十六歳で死去した。死因は不明ながら、長徳の疫病が発生した頃でもあり、これと関係したかもしれない。この姉の他に弟の惟規《のぶのり》がいた。また父為時の再婚相手に三人の妹弟もいたという。そうしたなかで血を分けた同母の弟惟規とは、深い絆で結ばれていたようだ。

父為時は文章道の菅原家と深い繋がりを持ち、既述したように、花山天皇の東宮時代には、その読書始《どくしょはじめ》に副侍読として出仕を許されるほどだった。当然、嫡妻との間に誕生した惟規は、父の後継として期待がかけられた。その弟とともに、父為時は、英才教育を姉の式部にもほどこした。彼女自身、学才は弟よりあったらしい。〝姉が男子ならば〟と父を慨嘆させたという(『紫式部日記』)。

惟規自身、父の期待に応ずべく官吏の途を志すが、寒門の悲哀では如何ともし難く、蔵《くろ》人《うど》に補《ふ》されたのは三十代の半ばのころとされる。その時期には式部も彰子のもとに出仕しており、後宮にあって惟規を気にかけていたと思われる。だが、その惟規も比較的若くして亡くなる。父為時は寛弘《かんこう》八年（一〇一一）、越後守として赴任したが、それに同道したものの、惟規は現地で没した。四十歳とされる。式部四十二歳の時のことだ（これらの点は、今井源衛『紫式部』を参照）。

なお、式部には夫宣孝との間に一人娘の賢子《けんし》がいた。賢子は彰子に出仕した。母の縁によったのだろうか。祖父為時がその晩年越後守だったことから、「越後ノ弁」と呼ばれたようだ。彼女の夫は藤原兼隆（「長徳の大疫癘《えきれい》」で死去し、「七日関白」と呼ばれた道兼の子）だった。いささか落ち目とはいえ、摂関家の端くれの準権門に属していた。万寿《まんじゅ》年間には賢子は後冷泉天皇の乳母《めのと》となっている。

母式部譲りの彼女の歌才は、幾多の歌会でも知られ、『百人一首』〈58番〉にも「大弐三《だいにのさん》位《み》」として、「有馬山　猪名《いな》の笹原　風吹けば　いでそよ人を忘れやはする」を残している。紫式部の「めぐり逢ひて〜」で知られる『百人一首』で母子並んで配されている。

以下、われわれは式部のファミリー・ヒストリーから離れて、彼女自身の足跡を年代記的にながめておこう。道長とは四歳ほどの年齢差だが、権門の道長の足跡とは異なる、中下級貴族の実相が確かめられるはずだ。

三　紫式部の年代記

足跡

式部は長和《ちょうわ》三年（一〇一四）、四十五歳で没したとされる（没年については生年を天禄《てんろく》説〈九七〇年〉、天延《てんえん》説〈九七三年〉とするかにより異なる。前者を採用）。「長和」は三条天皇の年号だ。道長はこの年四十九歳で、式部とは四歳ほどのひらきがあった。身分は異なると言っても両人はほぼ同じ世代に属した。後にもふれるが、彼女が道長の娘彰子のもとに出仕したのは、寛弘二年（一〇〇五）の三十代も半ばの頃とされる。宮中へ出仕する数年前に夫藤原宣孝が死去していた。

『源氏物語』に筆を染めたのも、宣孝の死去後間もない時期ともいわれている。『源氏物語』の完成にはそれなりの時間がかかったようで、彼女の宮中への出仕後も継続されていた。『源氏物語』と作者の式部は一体の関係にあったようで、彼女が出仕して数年後には「日本紀ノ御局」と評されるほどに公卿たちの間でも、話題となっていた。

必ずしも長いとはいえない彼女の人生を年代記風に語ろうとする場合、二十代末の結婚と数年後の夫との死別、さらに宮中への出仕、この時期が大きな転機といえそうだ。『源氏物語』が起筆されるのもその頃であり、女房紫式部の誕生も、ほぼこの段階に当たる。

以下、道長の場合と同じく、まずは幼少・少女期以降の世代に即した流れで、生涯を眺めておく。

寒門の悲哀——幼少期から十代

式部四歳の頃に彼女は母と死別した。総じて式部の一家は山あり、谷ありで、円融《えんゆう》・花山・一条の各天皇の時期の典型的な文人貴族だ。父為時は式部が八歳のおり、東宮、師貞親王（花山天皇）の読書始の儀で副侍読を務め、また父為時の兄為頼が摂関家の藤原頼忠家の歌会に出席するなど、式部の成長する環境のなかで少なからず影響を与えたはずだ。このことは以前にもふれた。

その後、式部が十五歳の時期に、師貞親王が即位する。為時もかつての侍読の縁もあって、この花山天皇の永観二年（九八四）、式部丞となる。式部省の三等官の立場で、中下級貴族としての地位を与えられた。為時は翌年には、摂関家の道兼邸に招かれ作詠をなした。さらに翌年には遅ればせながら、三十八歳で蔵人・式部大丞に任ぜられ、為時は歌人としても知られる存在となった。

式部も十七歳となったが、その時期、彼女の一家を不幸が襲う。期待の花山天皇が寛和二年（九八六）六月、退位・出家におよんだ（寛和の変）。冷泉天皇の第一皇子、その母は伊尹の娘懐子《かいし》だった。安和の変の年に皇太子となり、十七歳で即位した。けれども、在位二年も満たない寛和二年に禁中を脱し花山寺で出家した。藤原為光の娘で女御の忯子《しし》の死がきっかけとされた。これに同情するそぶりで退位をそそのかしたのが、兼家《かねいえ》の子息道兼だった。このあたりは『大鏡』〈花山天皇紀〉『栄花物語』〈花山たづぬる中納言〉にも描かれている。

花山朝にあって、上昇気流に乗ることを期待した人々のなかに、式部の一家もいた。その花山の退位で、父為時も官を失う。「寒門」の悲哀を味わうことになる。天皇を軸に回っていた式部の一家も、その影響で外祖父・為信が出家するなど、負の連鎖が続く。

権門の喧噪——二十代の式部

式部の青春時代は、「永祚《えいそ》」（九八九）・「正暦《しょうりゃく》」（九九〇〜九九四）・「長徳」（九九五〜九九

八）が該当する。もう一人の主役道長は、三十代初頭にさしかかり、政界にあって順風が吹きつつあった段階だ。いずれの年号も一条天皇のものだ。彼女が二十代の前半の時節、ある男性との恋愛関係が推測されるという。「おぼつかな　それかあらぬか　明ぐれの空おぼれする　朝顔の花」（私との関係を持ちながら、好きか嫌いかはっきりと明かさずに、翌朝に離れていったあなたの気持ちはどうなんでしょうか）（『紫式部集』）。多感な青春時代の一齣《ひとこま》として、彼女にも春が訪れたようだ。だが、式部の結婚以前についての具体的な恋愛事情は、右に示した歌以外について定かではない。

『百人一首』に載せる「めぐり逢ひて　見しやそれとも　分かぬ間に　雲かくれにし　夜半の月かな」についても、相手を恋愛関係にあった男性と想定する理解もあるようだが、少女時代以来の親友と覚しき女性に対しての歌とする考え方も強い。式部の二十代前半の宮中は、一条天皇が元服、定子が入内、その定子のもとに清少納言が出仕している時期だった。

式部二十五歳のおり、一歳年長の姉が死去した。死去といえば『蜻蛉日記』の作者右大将道綱の母も同じころ亡くなっている。式部にとっては母方の親族に当たり、兼家との愛の行方を叙述したこの作品は、多感な式部にも刺激を与えたはずだ。当該期、年号でいえば「正暦」から「長徳」にかけては、疫病が猖獗《しょうけつ》を極めた。「三道」の道隆・道兼以下の公卿たちまでもが相ついで死去し、不安も広がった。

そんななかで朗報がもたらされる。父為時の十年ぶりの任官だ。長徳二年(九九六)、越前守に任ぜられた。式部二十七歳(二十四歳とする説も)のおりだった。式部も父の赴任に合わせ北国に同道することになった。都では疫病の流行もあったためか、父為時は子女をともなって、同年の秋に都を発った。これに先立ち同年正月から四月にかけて政界を揺るがす事件が勃発した。

花山院誤射騒動に端を発する伊周・隆家の左遷事件(長徳の変)だ。既述したように、摂関家内部での権力争いも絡んでのこの出来事は、彼女にも衝撃を与えたはずだ。『源氏物語』での光源氏のモデルには、配流《はいる》の憂目にあった伊周《これちか》が念頭にあったとの指摘も、なされているほどだ。いずれにしても疫病の流行に加えて、都での醜聞からのがれるためにも、新しい風が期待された。

式部の越前行きは二十代の半ばのことだったが、当該期、結婚相手となる藤原宣孝との出会いもあった。彼は筑前守《ちくぜんのかみ》などの経験もあり、文人肌の貴族で、父為時との親交もあった。いささか年長ではあったが、気になる男性という程度だったようだ。このあたりは多くの紫式部の関連論文や研究書からの、公約数的理解によっている(巻末参考文献を参照)。

ともかく二十代半ばの越前への旅立ちは、実際には短い期間ではあったが、彼女に都では得難い体験を与えてくれたことは、間違いなさそうだ。

“泡沫の恋”事情

式部は宣孝との結婚以前、“初開の男”がいたとされる。二十代前半の頃だ。けれども、その恋は成就せず、彼女は父為時とともに越前へと赴き、以前から面識のある年上の宣孝と結婚することになる。この点は既述したとおりだ。

式部はその後、宣孝と死別した三十代後半に出仕する。彼女は出仕したものの、ほどなく里へと下がったことがあった。里下がり後、三か月ほど出仕しない彼女の身を案じた同僚からの歌も、届けられた。そんな時期に彼女は「古里《ふるさと》にかへりて後、ほのかに語らひける人に」(実家に戻ってこっそりと逢った男性に)「閉ぢたりし　岩まの氷　うちとけば　をだえの水も　影見えじやは」(これまであなたを拒んでまいりましたが、全てを許したのですから、あなたが訪れる流れはまさか絶えてしまうことはないでしょうね)という歌を残している。『紫式部集』に見えるその歌の相手の男性が誰かは不明だ。

種々の憶測のなかには、出仕下がりの恋の相手を藤原保昌と考える向きもある。むろん推測の域を出るものではないが、そうであっても不思議ではない。源頼光と並び平安武者の代表とされるこの人物は、盗賊「袴垂《はかまだれ》」との逸話もある（『今昔物語』二十五―七）。彼だとすれば紫式部のライバル、和泉式部の夫となった人物で、道長時代に活躍した王朝武者だった。その点では式部との間に接点がなかったわけではない。とはいえ、それは後世のわれわれが〝あらまほしき〟願望だったかもしれず、真偽は不明だ。けれども『式部集』が伝える歌の場面からは、この時期の里下がりに男の影を見出すのは、無理な話でもあるまい。そこに〝泡沫《うたかた》の恋〟を想像することも的外れではなさそうだ。

都から北国・越前へ――二十代末から三十代前半

この時期は、父為時の任国越前での経験、そして都での結婚生活の段階で、年号でいえば、「長徳」から「長保」に当たる。出仕以前のこの数年間は、彼女にとって、とてつもなく大きな比重を占めた時期といえそうだ。妻となり、そして母たる足跡がこの時期に刻み込まれた。

長徳二年（九九六）の晩秋、父為時にともなわれ越前の途に赴く。弟惟規は文章生《もんじょうしょう》（紀伝道の学生のことで、中国の詩文や歴史を学び、官人登用にそなえる）の立場で、伯父為頼の京都の屋敷に残ったようだ。ここは父祖の堤中納言兼輔が有した建物で、為頼そして為時兄弟も同じ敷地で暮らしたとされているが、はっきりしない。

越前は『延喜式』の規定では大国に属した。「行程上リ八七日、下リ八四日、海路六日」と見える。国府のある武生《たけふ》（現越前市）に向かうルートは「海路」も利用されたようだ。琵琶湖をへて越前敦賀《つるが》から海岸に沿って船で北上、その後に陸路を武生に向かうルートが取られたようだ。

琵琶湖までは逢坂山《おうさかやま》を越え、大津の打出浜《うちでのはま》で乗船、西岸に沿うように北岸の塩津《しおつ》へと至ったとされる。近江国《おうみのくに》の最古の神社・白鬚明神《しらひげみょうじん》にも一行は立ち寄ったようで、式部が同地で詠じた和歌を刻んだ歌碑が建てられている。竹生島《ちくぶしま》を沖合いに臨みつつの旅だったことは、『紫式部集』に残された歌からも了解される。

式部たちが越前国府入りを果したのは、初冬に近い時節だった。その越前で彼女は厳しい冬を体験する。「古里に　かへるの山の　それならば　心やゆくと　雪も見てまし」（都に帰るという名前の鹿蒜山《かえるやま》ならば、頂きに降る白雪を趣深く見ることもできるが、そうでないから景色を眺める気持もわいてきそうもない）（『紫式部集』）。今日風の解釈では、刺激が少ない田舎暮らしは私には、ムリムリといったところだろうか。

決意を秘めて北国に父とともにやってきたものの、地方での生活は彼女のリズムに合わなかったのかもしれない。それでも何とか翌年の一年間は、武生の国府の館で過ごすことになる。その長徳三年（九九七）は例の伊周・隆家が都に戻される時期でもあった。

その都からは、越前行き以前から式部に幾度かラブコールをなした、あの宣孝からも消息が届けられたようだ。多くの研究者が指摘するように、何人かの女性と浮名を流した宣孝も熟年に達するなかで、精神性を加味した大人の女性を必要としたのだろうか。北国の地にあった式部にも、何度か恋歌を贈っていた。都から遠い北国の地にあった式部にとって、宣孝の存在は心理的な〝化学反応〟をもたらしたようだ。かくして式部は翌長徳四年に父と別れ、宣孝との結婚に踏み切るべく帰京する。

越前の異国人

越前時代の式部のことをもう少し続ける。彼女が夢に見た北国での詩的気分とは別に、対外的にはいささか緊張の時期に当たっていた。日本海に面した越前は、地勢的に大陸との関係が濃密だった。越前敦賀の松原《まつばら》には、特に渤海国使節《ぼっかいこく》の接待の施設があった。松原客館と称せられ、九世紀から十世紀初頭に栄えた渤海国との正式外交チャンネルとして機能した。

この時期すでに渤海は滅亡し、契丹《きったん》の遼《りょう》が新たに建国されていた。けれどもその契丹を含め、高麗《こうらい》、さらに宋王朝との正式な国交を、日本は持つことはなかった。そうした情勢下でも大陸の各方面から、公私にわたる使節や漂着民も少なくなかった。

長徳元年（九九五）九月、若狭国《わかさのくに》に来着した宋人七十余人が、越前へと移送された。為時の越前守は翌年のことだから、この異国の人々との対応で為時は多忙だったことになる。紫式部のその歌集にも「年返りて　唐人見《からひとみ》に行かんと言ひける人」（『紫式部集』）として、夫となるべき宣孝のことがふれられている（ただし、歌に見える「人」を宣孝ではなく父為時のことと解する立場もある）。ここにある「唐人」とは、前年来国府に移送されていた、宋人たち一行のことだとされる。

かつて越前は松原客館が設けられ、異国使節の対応への利便性が高かった。為時は着任以来、越前守としてその対処に当たったと思われる。

この時期、越前のみならず異国人の来着が相つぐ。長徳二年（九九六）にも、石見国に高麗人来着の件があった。そして翌長徳三年九月には、高麗が九州沿岸を侵す事件があり、十月には大宰府《だざいふ》から筑前・筑後《ちくご》・薩摩《さつま》方面に南蛮人（奄美人《あまみ》）の侵攻があったことが報ぜられている(『小右記《しょうゆうき》』長徳三年十月一日条)。さらに翌十一月には大宰府に南蛮人四十余人討伐の報告があった(『日本紀略』同月二日条)。そして翌年の九月にも同様の報が伝えられた。

少し後のことになるが、寛弘元年(一〇〇四)には朝鮮西方対岸へ向かう于山国《うざんこく》(鬱陵島《うつりょうとう》・ウルルン)の船が女真族《じょしんぞく》に圧迫され、わが国に漂着した事件が『本朝麗藻《ほんちょうれいそう》』(一条天皇時代の公卿の漢詩集)に見えている。前述した道長の四納言《しなごん》の一人公任《きんとう》が、この異国の使者についての漢詩を作ったとある。右にある女真族は、刀伊《とい》の入寇《にゅうこう》の引き金となる。対外関係の流れとして式部との関係に絡め、おさえておきたい。

結婚、出産、そして死別――三十代前半

「長保」の年号は、式部の三十代前半に重なる。越前から単身都に戻った式部は、ほどなく当時山城守《やましろのかみ》に任ぜられた宣孝と結ばれる。「長徳の大疫癘」もこの時期には下火になりつつも、不安は続いた。そうしたなかで長保二年(一〇〇〇)十二月、一条天皇の皇后定子が没した。一方、その前年には道長の娘彰子が入内しており、道長の順風と式部の幸福な一時期とが重なるようでもある。ただし、宣孝との結婚は二年ほどで終わりをむかえる。

文字通り、死が二人を分かつことになる。

宣孝は再婚でもあり、式部との年齢差はそれなりにあったという。その出自は藤原北家高藤流に属した。一四三頁の系図でもわかるように、両人は血縁的には無関係ではなく、式部の祖父雅正の妻方の流れに宣孝は属した。いわば遠い「いとこ」になる。『尊卑分脈』その他によれば、備後《びんご》・周防・山城・筑前の国守を歴任、その家系も典型的な受領クラスに位置した。

『石清水文書《いわしみずもんじょ》』には、大宰少弐時代の正暦三年九月に宣孝本人の署名が見えている。宣孝は二年前に筑前守に任ぜられていたが、その字面は必ずしも端正ではない。何とも遍《へん》と旁《つくり》が整わない、アンバランスな感じだ。〝字は体を現わす〟の喩《たとえ》でいえば、器用なタイプではなさそうだ。

彼は多くの辞典類を参ずると、賀茂祭《かものまつり》での舞人《まいびと》を務めるなどの経験も豊かで、中級官人の典型でもあった。その点では和歌を詠じ、道長以下の権門とのチャンネルを有する中級貴族なりの〝貴族道〟の体現者だった。そんな文人にして芸術家肌の気質に、彼女は反応したのかもしれない。型にとらわれない自由な字面も、そうした気質が垣間見られそうだ。受領任官にともなう都鄙《とひ》往還の経験も共通する。年長者ならではの信頼感が、彼女の〝雪融け〟をうながした可能性は否定できない。

結婚後、両人には娘賢子が誕生する。式部にとって、妻として母として最良の時節が訪れた。宣孝も「宇佐使」や「平野使」の勅使を勤めるなど、多忙を極めた。権門の道長にも信頼されたようで、〝使える貴族〟として活躍した。けれども幸せは長くは続かなかった。所労も重なったためか、長徳三年(一〇〇一)四月、宣孝は死去する。式部三十二歳の頃だった。

宮中への出仕——三十代後半

夫宣孝死去の数年後、彼女は宮中へと出仕する。寛弘二年(一〇〇五)、三十六歳の頃だ。出仕する直前に内裏が焼失、一条天皇及び彰子は道長の東三条殿に遷《うつ》っており、式部はここに出仕した。その後、一条内裏へと皇居が移り、式部の生活もここが拠点となる。彼女が仕えた中宮彰子が一条天皇に中宮として入内したのは、六年前のことだ。

彰子は式部出仕の二年後に皇子敦成《あつひら》親王(後一条天皇)が誕生。すでに皇后定子は没しており、彰子は天皇との間に第一皇子敦成、続いて翌年にも敦良親王(後朱雀《ごすざく》天皇)が誕生し、道長の外戚の立場は盤石さを加えていた。

ちなみに『源氏物語』の起筆は式部の出仕以前のこととされる。諸説あるなかでも、宣孝の死去後程ない時期とされている。彼女にとって、宣孝の死が筆を執る契機となったようだ。多感な彼女が多様な経験をした三十歳前半は、『源氏物語』執筆の契機も潜んでいたのかもしれない。その辺りは定かではない。実名を香子との指摘もあるが、詳細は不明だ。出仕の当初は「藤式部《ふじしきぶ》」を名乗った。女房名は一般的に父祖や夫の官職を付すことが慣わしとされる。「式部」はいうまでもなく、父為時の「式部丞」に因《ちな》む。

越前国守就任に至る十年間は、寒門の悲哀を実感したはずで、そうしたなかにあって、和歌に長じた式部丞の官職は、為時の名誉とするところだったのだろう。出仕後、彼女もそれを通称とした。「紫」については、諸説あるものの、当時宮中でも話題とされた以下の話が一般的とされる。

道長のブレーンの一人、公任が「あなかしこ、この辺《わたり》に若紫やさぶらふ」といって、式部の局《つぼね》を訪れたとの話があり、それに由来するらしい。「若紫」は「源氏」の作者たる式部の別称の観もあったようで、それに因むという。他に「日本紀の御局」とも評され、中級ランクの女房ながら、好評を博していたらしい。

式部の出仕については、道長からの要請の結果だったとしても、彼の当該期の〝文〟への傾斜は注目に値する。「寛弘」段階の道長の文道への執着は強く、詩歌の作詠会のみでも、二十回前後に及んだという。『文選《もんぜん》』『白氏文集《はくし》』などのへの関心も強かったことが『御堂関白記《みどうかんぱくき》』からもうかがえる。そうした権門のサロンに、式部の父為時は中級貴族として顔もだすこともあり、それが機縁となったらしい（この点、今井前掲書参照）。

寛弘年間（一〇〇四～一〇一一）は、後宮世界で式部が彰子に仕えた期間に重なる。そして、道長もまた四十歳代の絶頂期であり、両者の間で時間の共有がなされた段階だった。式部一家にとっても、末弟の惟規が蔵人に任ぜられたり（寛弘四年）、前年には父為時が東三条第の花見の宴に列席したり、さらに式部自身についても『源氏物語』が話題となるなどの時期だった。彼女の三十代後半の頃のことだ。前述の公任が式部の局を訪れたのも、寛弘五年（一〇〇八）の、この時期のことだった。

道長自身は女郎花《おみなえし》を折って式部に与えたこともあった。その道長が寛弘六年の夏の夜に、式部の局の戸を叩く出来事もあった。この件に関しては『紫式部日記』によれば、以下のように記されている。中宮彰子が敦良親王懐妊中の道長の土御門殿での出来事とされる。

「すきものと名にし立てれば……」（貴女は浮気者という噂が高いから誰もが口説くことでしょうね）との道長側からの式部への歌に、彼女は「人にはまだ折られぬものを……」（私はまだ誰からも口説かれたことはありません。誰が浮気者と言いふれているのでしょうか）と返歌したことが見える。そしてその夜のこと渡殿局《わたどののつぼね》の戸を叩く人がいて、その音を聞いたが、恐ろしいので応答せずに夜を明かした。その翌朝に道長から「夜もすがら水鶏《くひな》よりけになくなくぞ……」（私は一晩中水鶏のように泣きながら、戸口を叩き続けても閉じたまま夜を明かしました）。これに対し式部は「ただならじとばかりたたく……」（ただごとではない様子の戸の叩き方に水鶏と同じくさほどの気持ちではないのに戸を開けたなら、煩わしい思いをしたことでしょう）。こんな歌の応酬があった。

この件は想像をかきたてられはするが、真偽は不明。『尊卑分脈』には「道長の妾」との表記があり、右に見た『紫式部日記』の記事などが下敷きになった推測なのかもしれない。それとは別に想像を逞しくすれば、土御門殿での道長からの式部への「すきもの……」云々の投げかけに、浮気者ではないことを返歌で示した彼女に、その真意を確かめるための〝男心〟が道長の夜の訪れに繋がったのかもしれない。それが両人の関係への関心を倍加させることとなった。当時、道長は分別盛りの四十四歳、男盛りでもあることからすれば、不惑前夜の式部とのロマンスも考えられなくはない。同年の冬には敦良親王（のちの後朱雀天皇）も誕生、順風の時期でもあった。

この時期、道長は『源氏物語』の草稿にもかなりの興味を持っていたようで、中宮彰子出産後の祝のためとされるが、清書用の『源氏物語』の草稿本が未完成のまま、道長に持ち去られるという珍事もあった。それだけ彼女は注目され始めていた。

里内裏について

紫式部が中宮彰子とともに過ごした一条内裏は道長も訪れたことだろう。広くいえば里内裏の一つだ。里内裏とは、本来の内裏（皇居）の焼失にともなう、仮皇居の呼称で、摂関家以下の権門の私邸が当てられた。

村上天皇の天徳《てんとく》四年（九六〇）に内裏が焼失する。平安遷都後、百五十年後のことだ。里内裏の呼称の初例は、円融天皇の時代に内裏が再び焼失、その時に天皇は関白兼通《かねみち》の堀河第に一年余住んだ。これが里内裏の始まりとされる。以後は権門の私邸―一条院、枇杷殿《びわどの》、東三条院、閑院、土御門第《つちみかどてい》、三条院、高陽院《かやのいん》―が里内裏として用いられることになる。

里内裏にあってはかつての内裏の建物の呼称が適用された。一条院の場合は南殿を紫宸殿《ししんでん》と呼び、中殿を清涼殿《せいりょうでん》とした。また道長の土御門第は寝殿を南殿に、西の対を清涼殿としたらしい。
元来の内裏は、鎌倉中期の安貞《あんてい》元年（一二二七）の段階で焼失し、再建されなかった。鎌倉末期に光厳《こうごん》天皇が土御門東洞院殿を皇居として以降、ここがその後の皇居として固定する。江戸時代の寛政期に、現在の京都御所（今出川御所）が建て換えられたが、その場所は、この土御門東洞院殿だった。

晩年の式部、朝野のはざまで——四十代半ば

宮中への式部の出仕は、四十を過ぎた時期だった。女房たちや出入りの公卿との関係、さらには、道長との歌のやり取りをふくめ、彼女の存在は一目置かれるようになっていった。主人の彰子とも親密さが加わり、その所作にも洗練が備わり始めていた。彼女が四十歳のおり、和泉式部が中宮彰子のもとに出仕する。

二人の「式部」の新旧交替のごとき観もあった。かつて定子のもとにいた清少納言にかわり、彰子に紫式部が出仕したように、である。ついでながら、関係研究書によれば「宇治十帖」執筆も当該期とされる。「寛弘」は一条天皇にとっても最後の年号だった。寛弘八年（一〇一一）五月、天皇は病気のため譲位をする。式部は四十二歳の時期である。

一条天皇は譲位にさいし、悩みがあった。天皇の後継には長く東宮の立場にあった、居貞《いやさだ》親王（三条天皇）が即位することになっていた。問題はその三条天皇の次だった。一条天皇には二人の候補がいた。この点は「Ⅲ　藤原道長の章」でもふれたところだ。一人は定子所生の敦康《あつやす》親王、そしてもう一人は彰子所生の敦成親王（後一条天皇）である（彰子所生の皇子として敦成の弟敦良もいたが、当面は兄の敦成が候補）。一条天皇は譲位にさいし、悩ましい選択を突き付けられる。

天皇は相談する。相手は行成《ゆきなり》だ。道長のブレーンとして知られるこの人物は、相談を受けたさいに、外戚の弱さが悲劇を生んだ事例を天皇に伝えたという。定子を母とした敦康の立場の困難さを、暗に伝えたとの話が残されている（『大鏡』）。天皇もそのことを理解しながら、決意の果ての決断を、行成に持ちかけたのだった。

そもそも〝相談〟とは、自身で出した結論を後押ししてくれる立場の人間に、白羽の矢を立てるものだ。道長に近い立場の行成は、その点でもふさわしかったはずだ。

一条天皇は東宮の三条に譲位の後、没した。そして彰子も一条天皇の退位後、中宮から皇太后となる。長和元年（一〇一二）二月のことだ。式部四十三歳の頃である。

式部は引き続き彰子の女房の立場で、皇太后となった彰子に近仕《きんじ》した。この時期道長は四十七歳。盤石の体制が整いつつあった。道長—彰子—式部という公私の〝ホットライン〟は、中宮から皇太后への変化で、式部にもさらなる風格を与えた。この時期、式部は彰子の女房達のなかで「取次《とりつぎ》」の役目を与えられていたという。同じ頃、父為時は再び北国・越後へ受領として赴任する（巻末の本書関連年表参照）。弟の惟規は、それまで宮中での蔵人などの職務に携わっていたが、父に同道することとなった。

「取次」とは、今日風にいえば、〝秘書官長〟といったところで、主人たる彰子さらにはその父道長にも〝できる女房〟として認知されていた結果だった。『紫式部日記』その他によれば、〝口やかましい〟一言居士《いちげんこじ》ともいうべき藤原実資《さねすけ》でさえ、彰子のもとを訪問していた。理由は自身の養子資平《すけひら》の人事の一件だったという。長和元年から翌年にかけてのことで、当時、彰子は枇杷殿《びわどの》（近衛の南、室町の東に位置）におり、式部もここで実資や資平と対面したことが、『小右記』などにも見えている。

実資は小野宮流に属し、道長とは一線を画していた人物で、硬骨漢として知られた。そんな実資といえども、やはり息子のことについては、〝それなり〟だったことがうかがえおもしろい。式部は四十四歳の秋、十年弱におよぶ出仕生活にピリオドを打ち、彰子のもとを離れることになる。式部の死去はその翌年のことだ。

道長もまた様々のレベルで貴族道を体現した人物といえそうだ。光源氏のモデルとも目されているのも理由のないことではない。そして光源氏を生み出した紫式部も、宮廷という小宇宙にあって、「女房」世界を象徴した。彼らの接点は「貴族道」と「女房」という王朝時代に特化されるべき局面での出会いにあった。出会うことがなかった権門と寒門の両者に「出逢い」を用意したからだ。かりに道長と式部に色恋沙汰があったとすれば、権門と寒門の化学変化の表れともいえなくもない。

Ⅳ

再びの王朝時代の諸相

——都と鄙

本書も大詰を迎える。総括的な意味をこめて、藤原道長や紫式部という個人を離れて、時代の諸相を都《みやこ》と鄙《ひな》（地方）に焦点を据え、再度ながめておく。

当該期は王朝的世界にイメージされた栄華とは裏腹に、地方での騒擾《そうじょう》も少なくなかった。この時代は武士の原型というべき「武者」「兵《つわもの》」が明確な姿を以て登場する段階だった。権門《けんもん》に仕え、時としてダーティーな闇の世界で活躍する、彼らの実像はどうだったのか。

危機の訪れとしては、「刀伊《とい》の入寇《にゅうこう》」を契機に都鄙《とひ》を含めた対外事情にも、ふれねばならない。

そこには道長や式部は直接に登場しないものの、彼らと同時代を生きた隆家、そして実資《さねすけ》といった道長にとっての、〝はばかり〟にも値するアンチ勢力も、顔をのぞかせる。都と鄙、光と闇を内包した王朝国家の諸相について、今一度考えてみよう。

一　都鄙と王朝武者

実方中将のその後

ここで以前にもふれた歌人藤原実方《さねかた》に、再び登場してもらおう。貴族と王朝武者たちとの因縁を考えるためだ。藤原行成《ゆきなり》とケンカし、貴族的振舞いからはみ出したため、陸奥守《むつのかみ》へと左遷されたあの人物だ。王朝貴族たる彼のその後について語りたい。『今昔物語』(巻二十五―五)にも、実方についての話が伝えられている。

実方は、国守として陸奥へと赴いた。この話を載せる『古事談』(第二)には、陸奥守在任中に実方は奥州の和歌の名所・歌枕を訪れ、歌の世界に精根を傾けたとする。陸奥守赴任が、実方にとって〝左遷〟だったかどうかは、実は不明だ。すでにふれたように、大国の陸奥の国守ともなれば、それなりに実入りもよく、歌道の修練という点でも、一石二鳥だったかもしれない。

そんな憶測を可能にさせるのは、以前にもふれたように、この歌人受領《ずりょう》には「やすらは

で　思ひ立ちにし　東路《あずまじ》に　ありけるものを　はばかりの関」（煩わしい気持ちを吹っ切るべく東路の陸奥へと赴いたものの、憚《はばか》るべき人間関係は同じだ）との歌が残されているからだ。『今昔物語』（巻二十四―三十七）が伝えるこの場面からは、実方の陸奥下向《げこう》には、それなりの期待感もあったことがうかがえる。その点から実方の陸奥下向の真意は〝藪《やぶ》のなか〟かもしれない。

けれども、彼の奔放の精神は陸奥という〝憧れの地〟に到っても、人間関係の煩わしさから逃れることができなかったようだ。依然として〝はばかるべき〟事情はあったのだろう。実方は陸奥守赴任後、わずか三年で死去してしまう。原因は不明だ。が、陸奥の地にあってもそれなりの苦労もあったにちがいない。

それを推測させるのが当地での現地有力者たちのトラブルだった。『今昔物語』（巻二十五―五）でも、現地でその実方が遭遇したトラブルが見て取れる。実方も登場する『今昔物語』での主題は、平維茂《たいらのこれもち》と藤原諸任《もろとう》という二人の「兵」の闘諍《とうじょう》事件だった。

今ハ昔、実方中将ト云人陸奥守ニ成テ、其ノ国ニ下《く》ダリケルヲ、其ノ人ハ止事無《やんごとな》キ公達《きんだち》ナレバ、国ノ内ノ然《しか》ルベキ兵ドモ、皆前々ノ守ニモ似ズ、此ノ守ヲ饗応シテ……

陸奥下向後の実方中将のその後の様子を、『今昔物語』はこのように語っている。「止事無キ公達」たる実方への饗応ぶりがよくうかがえる。

国守の実方は、平維茂と藤原諸任という「二人ナガラ国ノ然ルベキ者」の相互から、「墓《はか》ナキ田畠ノ事」（ささいな土地の紛争）についてそれぞれ嘆願攻勢を受けたようだ。実方はいずれにも与《くみ》することはできずじまいだった。「守、否《え》定メ切ラズシテ有リケル程ニ、守三年ト云フニ失ニケレバ……」と見えている。維茂・諸任両者の勢力の紛争に巻き込まれ、どちらとも裁定できないままに死去したというのだ。実方死去にはストレスもあったのかもしれない。

【藤原実方と周辺略系図】

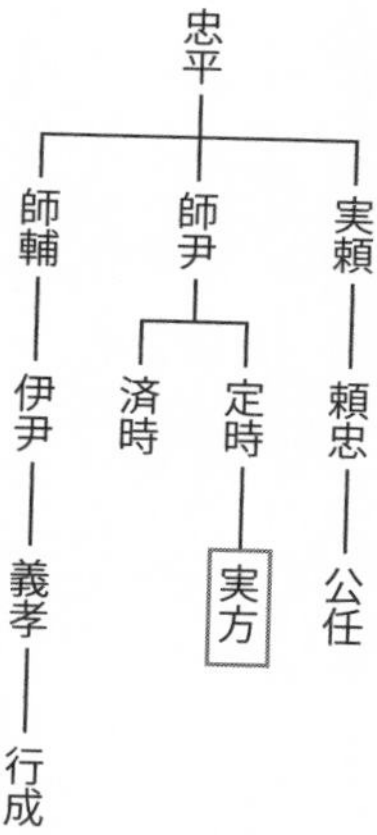

それはそれとして、この説話での主題は、実方が直面した二人の「国ノ内ノ然ルベキ兵」についての話だ。「然ルベキ兵」として、ここに登場する維茂は余五《よご》将軍として知られる人物で、将門《まさかど》追討の立役者貞盛《さだもり》の甥にあたる（貞盛の弟繁盛の子）。諸任もそ

の将門の乱（天慶《てんぎょう》の乱）で活躍した藤原秀郷《ひでさと》の子孫である。

その後、維茂・諸任の対立はさらに深まり、ついには合戦となった。諸任は維茂の館を奇襲し滅亡させようとする。一旦は敗北し危機を脱した維茂だったが、四散した従者たちを集め、諸任軍を追撃、ついにこれを討滅するとの内容だ。

陸奥守実方をふくめ、勝者の維茂も敗者の諸任も、すべて実在の人物であり、当時の「兵」たちの活躍を伝えるこの説話は、史実をふまえたものとされる。

陸奥をふくめた東国方面は、右の説話に登場するような「兵」たちの活躍の舞台だった。「歌枕」を求め赴任した実方を待っていた現実は、「墓ナキ田畠ノ事」に命を投げ出す殺伐たる世界だった。

しかし都と鄙の落差は、多分に観念的なものでしかない。実際には彼ら「然ルベキ兵」は、都鄙を往還しながら地方に「留住《りゅうじゅう》」して勢力拡大をはかっていた。彼らは田地の経営（私営田）にあたる領主たちでもあった。こうした私営田領主は、一方で「兵」とよばれたのである。

十世紀以降、この武的領有者たる「兵」の存在がクローズアップされてくる。維茂や諸任たちのルーツからもわかるように、彼らの多くは軍事貴族やその子孫たちだった。とりわけ平将門の乱や藤原純友の乱での武功者たちは、その恩賞として五位以上の位階を授与され、諸国の受領ポストや鎮守府《ちんじゅふ》将軍などの肩書を与えられた。軍事貴族とはそうした者たちの呼称だった。

貞盛流平氏に属した維茂や秀郷流藤原氏の諸任は、そうした立場で陸奥方面にも勢力を拡大していった。功臣の末裔同士の争い、これが『今昔物語』に見える背景だった。

実方の陸奥への下向に関連して、注目すべきは「国ノ内ノ然ルベキ兵」たる彼らは、一方で都の権門にも人的チャンネルを求めていたことだ。「止事無キ公達」たる実方中将に対して、昼夜を問わず彼を饗応する維茂・諸任の姿には、都鄙往還にいそしむ「兵」の行動力も垣間見える。

次に奥州から目を転じて、都での「兵」たちの動きにも注目しておこう。その前に少し〝箸休め〟風に「兵」と「武士」についても整理しておく。

兵、武者、武士はどう違う

しばしば混用して使われることが多いが、一般に「兵」や「武者」は、中世初期の王朝段階の武的領有者の表現とされる。それはまた社会的・実体的呼称でもあった。

これに対し、「武士」の語が史料上に広がるのは、十二世紀以降で、そこには権力に仕える身分的・制度的表現ということがうかがえる。

武士は中世から近世をふくめて用いられるが、「士」とは元来が階層・身分に対応したもので、その点で公権力（国家）からの認知が前提となる。「兵」「武者」はそうした場面とは関係なく、社会が武力や武器を駆使できる職能保持者を指した。このあたりは議論が多いが、武者や兵という広い意味の語から、時代の経過のなかでより限定された武士へと移行する。こんな理解となろう。

『今昔物語』の〈巻二十五〉には「武士」の用例はなく、すべて「兵」や「武者」が用いられていることも、右のことと関係する。例えば地方の国府・国衙《こくが》が作成した「譜《ふ》第《だい》」のリストのようなものに、武的領有者として登録されれば、彼らは年貢・官物の輸送や国内の騒擾事件にさいし、動員されることになる。そうした「譜第リスト」への登録こそが「家ヲ継ギタル兵」の資格になったはずで、「武士」たるものの資格には、そうした公権力の認知が必要だった。

彼ら王朝の武者たちは、その勢力拡大のために都と鄙の両翼に射程を広げた。当然都の権門貴族にも近仕《きんじ》した。そのあたりの事情を「安和《あんな》の変」からながめておく。この事件については前述した。そもそもこの事件の発端は、源満仲の密告から始まった。満仲は将門〝追討三人衆〟の一人経基《つねもと》の子で、彼も功臣の第一世代ということになる。

興味深いのは事件が都での騒擾のみではなく、東国もふくめた地方にも波及したことだった。いわば武力を介し、都鄙相互の関係が深まる状況があった。既述したように、源高《たか》明《あきら》・為平《ためひら》親王の失脚に結果した当該事件は、秀郷の子千晴も隠岐《おき》へと配流《はいる》された。

千晴は功臣の子孫として中央政界に人的チャンネルも有していた。高明や為平親王など中央政界との繫《つな》がりを推測させる。そんな関係もあってか、経基流の満仲とは、対抗の関係にあった。安和の変には中央政界の政争とは別に、「兵」「武者」たちの存立拡大に向けた対立もあった。結果として千晴が安和の変で配流となったことで、秀郷流は、中央での勢力を弱体化させることとなる。

この事件が東国にも波及したことは、千晴の弟千常が信濃で挙兵したことからもわかる(『日本紀略』安和元年十二月十八日)。この千常の挙兵については詳細が不明ながら、功臣の末裔たちが都鄙往還のなかで、中央・地方を問わず基盤整備に向かったこともうかがわせる。

天慶の乱の功臣たちのなかには、中央権門の「侍」として武的に奉仕し、受領のポストを与えられる者もいた。彼らは一方では「都ノ武者」とも呼称された。その意味では王朝国家の始発に位置する天慶の乱は、軍事貴族を輩出させる〝配電装置〟の役割を担ったことになる。王朝国家は軍制の側面からは、功臣の末裔を国家の軍事システムに組み込む形を可能とさせた（この点、拙著『武士の誕生』も併せ参照）。

都鄙往還の立役者――「兵受領」

王朝武者と呼称される人々は、多くが天慶の乱の功臣子孫だった。彼らはその始祖たちの功績で「軍事貴族」としての立場を獲得した。まさしく「家ヲ継ギタル兵」だった。彼らは都と鄙（地方）を往来し、都にあっては権門との〝人脈づくり〟、地方にあっては所領にともなう〝地盤づくり〟を着々と進めていた。中央と地方を往来・往還するシステムは「留住」と呼ばれた。彼らは自身が軍事貴族として、鎮守府将軍や受領のポストを与えられたりした。

既述の陸奥での闘諍事件で名を馳せた維茂は、「余五将軍」の呼称のとおりで、鎮守府将軍としても知られる。このように功臣の末裔は、一方では「兵受領《つわもの》」とされる立場で、その武力をテコに摂関以下の権門に奉仕し、国守以下のポストを与えられた。摂津《せっつ》に基盤を有した源頼光は、「兵受領」としても知られた存在で、道長の武力基盤の提供者となった。彼はその豊かな財力で、道長の邸宅の家具・調度の過半を提供したことでも知られる。

彼らは「兵受領」として地方に下向することとは別に、権門に近仕する侍の立場で一種のボディーガード役として、これを護衛するケースもあった。実方も史料はないが危険の多い東国に単身で赴くことは考え難く、「兵」たちを同道したはずだ。都と地方の往来はそうした武力保持者を伴うのが当然だった。彼らは、自らが「寒門《かんもん》」と「権門」の中間にありながら、両者を繋ぐ連結的役割を担い、さらに都鄙二つの世界の攪拌《かくはん》的役割を有したことにもなる。

七世紀以降の律令国家は、都と地方の乖離《かいり》を前提とした。けれども十世紀以降の王朝国家は中央と地方の「兵受領」を登場させることで、両者の溝を小さくさせた。

「家ヲ継ギタル兵」と藤原保昌

それでは中央での「都ノ武者」たちの生態はどうか。以下では道長と同時代の藤原保昌《やすまさ》を例に、王朝武者の足跡にふれておこう。この人物については以前にも少しふれた。説話的世界では盗賊の袴垂《はかまだれ》を威圧・征服した藤原保昌は、後世の軍記作品で「田村、利仁が鬼神をせめ、頼光・保昌が魔軍をやぶりしも……」（『保元物語』上）とあるように、平安武者の原点に位置づけられる人物だった。弟の保輔《やすすけ》が強盗の張本とされ、追討の末捕えられ、永延《えいえん》二年（九八八）、自害して果てたのとは対照的だった。保昌とは、どんな人物なのか。

天徳《てんとく》二年（九五八）から長元《ちょうげん》九年（一〇三六）の生存期間は、ほぼ道長の時代と重なる。保昌は道長とその子頼通《よりみち》の家司《けいし》をつとめ、摂関家と近い関係にあり、大和《やまと》・日向《ひゅうが》・肥前《ひぜん》・摂津・丹後《たんご》などの国守を歴任した。摂津の平井に住したため、のちに平井保昌ともよばれた。南家武智麻呂《むちまろ》流。『尊卑分脈《そんぴぶんみゃく》』に「勇士武略之長」と記されており、史実においても「兵」「武者」としての風貌があったようだ。

保昌の妻が和泉式部である。彼女は寛弘《かんこう》六年（一〇〇九）頃に彰子《しょうし》のもとに出仕、保昌と出会いそして結婚する。

右の話から国司の遥任《ようにん》が一般的であったこの時期にあって、保昌が丹後国に赴任・下向していたことは興味深い。この時期の受領の地方赴任に際しては、『朝野群載《ちょうやぐんさい》』（「国務条々」）に郎等を連れて行くことの肝要さを指摘しているが、強盗・盗賊が横行している現実のなかで、武力・武備への要請は高かった。

保昌の場合、武人としての気質をあわせもっていたがゆえに、「勇士武略之長」とたたえられたのだった。

ただし、そうした勇士だとしても、「家ヲ継ギタル兵」でなかったことが、「但シ子孫ノ無キゾ、家ニ非《あら》ヌ故ニヤト」（『今昔物語集』巻二十五—七）と評されており、「兵ノ家」たることが、真の勇士の証だった。その意味で、「家」というある種の「出生証」が、「兵」たることの要件でもあった。

この保昌はその系譜からは、天慶の乱の功臣の末裔ではなかった。ただし、祖父の元方は平将門の乱で征東大将軍の命を受けた人物としても知られており、武略と無関係ではなかった。功臣として急速に台頭した家筋ではなかったが、広く王朝武者のゾーンに属しており、彼もまた都鄙往還を果たした「兵受領」としての側面を持っていた。それでは保昌の弟保輔についてはどうか。

王朝のアウトロー藤原保輔と悪霊左府顕光

永延二年（九八八）六月、強盗として名を馳せたその保輔が死去する。道長二十三歳、式部十九歳の頃のことだ。保輔は盗賊の袴垂としばしば同一視された。

そのためか「袴垂保輔」と呼称され、両者が重ね合わされ理解される。分離して考えたほうがよさそうだ。ただし保輔が、兄保昌とは対照的にアウトローの道を歩んだことからすれば、説話的世界にのみ登場する袴垂のなかに、保輔の分身が投影されていたことも想像できる。

保輔は『尊卑分脈』に、「強盗ノ張本」「本朝第一ノ武略」「追討宣旨《せんじ》事十五度」「禁獄自害」の記述が見える。官歴は正五位下《しょうごい》、日向権介《ごんのすけ》、右馬助《うまのすけ》。兄の保昌が優等生の生涯を送ったのとは、まさに対照的だ。

保輔に関して『宇治拾遺物語《うじしゅういものがたり》』（巻十一―二）に、「盗人ノ長」たる保輔が自宅に物売りをよび寄せては、蔵のなかの穴につき落とし命を取ることを繰り返したとある。

けれども、身を隠すことが巧みな保輔を捕えることはできなかった、と。何とも奇怪な話だが、「盗人」保輔の都大路での傍若無人さが伝わる。

京中に「盗人」たちのネットワークをもっていた保輔には各所に拠点があり、それだけ捕縛は難しかったのだろう。こうした行動が袴垂のなかに投影されたのだろう。武略に秀で豪胆なその行動は反社会的とはいえ、「兵」的要素も反映された。割腹《かっぷく》し腸《はらわた》を取り出し死ぬ場面を描く『続古事談』（巻五）の説話的リアリティーも、「兵」のイメージを増幅させたようだ。

永延二年（九八八）六月十三日、保輔が藤原顕光《あきみつ》邸での籠居《ろうきょ》が露見、捕縛されたことが

【藤原保昌関係略系図】

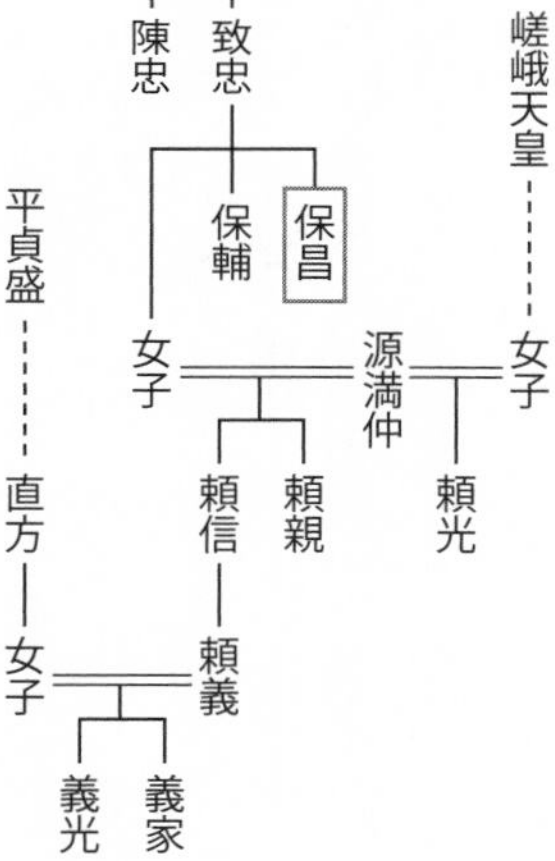

見える。翌日には捕縛者への勲功のことが沙汰されている（『日本紀略』『小右記《しょうゆうき》』など）。顕光については道長のライバルとして左大臣まで昇進した人物で、「悪霊ノ左府」（『宝物集《ほうぶつしゅう》』）とよばれており、保輔の人脈の広さを物語っている。

権門たる顕光の屋敷になぜ保輔がいたのか。彼は道長の伯父兼通の子である。兼家《かねいえ》とバトルを演じたあの兼通だ。顕光自身、道長とともに左右大臣をつとめ、娘元子を一条天皇の後宮に入れていた。さらに三条天皇皇子敦明《あつあきら》親王に娘延子を東宮妃として入れるなど、なかなかの権勢家だった。そんな顕光と保輔が点と点で繋がっていた。とすれば、「権門」と「兵」が織り成す断面が写し出された話といえそうだ。

功臣たちの私闘——「長徳の闘諍」事件

次に「家ヲ継ギタル兵」として知られる平維衡《これひら》と平致頼《むねより》の私闘についてもながめておこう。彼らも道長時代に活躍した。

維衡は平貞盛の子であり、その末裔は伊勢平氏の清盛に繋がる。前述の余五将軍維茂と同じ血筋だ。維衡もまた保昌と同じく「都ノ武者」として京都で活躍した。長徳《ちょうとく》四年（九九八）に伊勢を舞台として、私闘を演じた人物としても知られる。

藤原行成の日記『権記《ごんき》』には、「前下野守《しもつけのかみ》維衡、散位致頼等数多ノ部類ヲ率ヒ、年来ノ間、伊勢国神郡ニ住ス。国郡ノタメニ多クノ事ノ煩有リ」（長徳四年十二月十四日条）と見える。この維衡と致頼の「長徳の闘諍」事件については、『今昔物語』（巻二十三―十三）にも載せられており、両者の敵人関係の様子が語られている。伊勢国での闘諍事件は維衡・致頼の双方が、それぞれ隠岐・淡路《あわじ》へ配流されることで決着をみたらしい（『小右記』『御堂《みどう》関白記《かんぱくき》』）。

王朝の武者たちの多くは摂関家以下の権門などと私的に結びつくことで、その武的基盤を強固なものとした。場合によっては、自己の勢力拡大のために私闘を繰り返すこともしばしばあった。維衡と致頼の対立の舞台となった伊勢は、都にも近く王朝武者たちの進出も盛んであった。右に述べた貞盛流と公雅流の平氏の門流ながら、ともに敵人関係を形成することとなる。

以下でも閑話的な話を挿入させてもらう。

余五将軍という呼称

将門の乱の追討に関与した平貞盛・藤原秀郷・源経基の三者（〝追討三人衆〟）はそ

の武功でいずれも四位《しい》・五位の位階を授けられた。維茂の「余五将軍」の呼称の由来は次のようなものだ。貞盛は五位を与えられ軍事貴族たる身分を獲得、鎮守府将軍に任ぜられた。併せて、彼は律令制度での蔭位《おんい》の制（官人社会での子弟は五位の位階からスタートする）の特権をフル活用し、貞盛の弟繁盛の子だった維茂を養子とした。そのため維茂は貞盛の十五番目（余五は与五とも表記、〝十と余り五〟に由来）の子息に位置づけられた。

敗死した諸任の場合も、秀郷流の末裔であり、その孫とされる。ちなみに秀郷の子千晴については『尊卑分脈』には、「余五将軍維茂ノ敵」とも記されている。功臣の貞盛・秀郷らが軍事貴族への登用以後、東国での勢力拡大に対応、彼らの子孫はライバルの関係となったのだろう。奥州での維茂と諸任の対抗・対立も、世代を超えた敵人関係によったと推測される。東国を共通の基盤とした貞盛流と秀郷流は、宿命的に対抗関係を孕《はら》むことになる。

野宮密通事件

「都ノ武者」の広域的動きは、前記の公雅流に限定しても、平致光《むねみつ》による野宮《ののみや》密通事件からもうかがえる。寛和《かんな》二年（九八六）六月、当時滝口武者（宮中警備の侍）の致光が、伊勢斎王（伊勢神宮に奉仕する皇女）の済子（醍醐《だいご》天皇の皇孫）と密通した、との風聞が問題とされた（『日本紀略』同六月十九日条）。公雅流は「都ノ武者」としての活動歴も豊かであった。致頼そして致経《むねつね》、さらには、この致光しかりであった。その点では致光の野宮事件の風聞にしても、滝口武者としての都での活動とは別に、都に近い伊勢に何らかの基盤を有していたことを示唆している。

ちなみに致光は中関白《なかのかんぱく》家に近仕したとされる。同じ公雅流ながら、致経は摂関家の頼通に仕えたことが、『今昔物語』（巻二十三—十四）からも知られている。「都ノ武者」として公雅流の場合、道隆系の中関白家にも、道長系の頼通にも近仕していたことになる。

この点、当時の兵・武者たちの主従の形態は、決して単一的で絶対性ではなく、流動的性格をもっていた。これが王朝段階の主従関係の特色でもあった。

「殺人ノ上手」

致頼の弟として公親も有名だ。彼も多くの郎等を駆使し、ダーティーな裏の仕事も請け負った。『左経記《さけいき》』（左大弁源経頼の日記）の治安《じあん》元年（一〇二一）六月三日条には、公親が郎等に命じて「滝口信乃介」なる人物を「一条堀川ノ橋上」で殺したこと、さらに致経の命により「東宮史生安行《とうぐうのししょう》」を殺害したことが記されている。これは検非違使《けびいし》に逮捕された致経の郎等の自白による。この事件は、治安年間のことであり、道長の五十六歳前後の頃の出来事だ。

都大路は物騒極まりない。その致経は、頼通に仕えていた。三井寺《みいでら》の明尊《みょうそん》僧正は頼通の護持僧だったが、主人の頼通の指示で致経が明尊を送り届ける話は、説話ながらリアリティーに満ちている。

『今昔物語』(巻二十三—十四)が語る場面には、頼通の指示を受けた致経の不気味な様子が伝えられている。説話ながら臨場感が看取できる。

肝心の道長と彼ら「都ノ武者」の関係は定かではない。源頼光については既にふれた。その頼光の弟に大和源氏の祖として知られる頼親がいる。『御堂関白記』(寛仁《かんにん》元年三月十一日条)によれば、「件《くだん》の頼親ハ殺人ノ上手ナリ」との表現も見えており、「都ノ武者」の共有したドライな面が、道長自身の日記にもしたためられている。頼光・頼親・頼信の三者の父満仲は、「安和の変」での功績で権門の家々と深く繋がった。

『源平盛衰記』〈剣ノ巻〉が伝える「髭切」「膝丸」という宝剣説話では、源氏のサクセス・ストーリーが宝剣に仮託され語られている。そこにあっては、満仲は頼朝へと繋がる源氏の栄光のルーツとして神話化されている。その点でも「安和の変」での満仲の存在は重視された。満仲が関与した「安和の変」は、まさに道長時代を現出させるうえでの地ならしを提供したことにもなる。ひいては、それが「都ノ武者」たる立場での権門との結合に道を拓いたことになろう。

権門が集住する都は、武者たちの地方往還のセンターだった。幾度かふれたように、天慶の乱での功臣の末裔の活躍する場を用意した。「家ヲ継ギタル兵」「然ルベキ兵」と呼称は様々でも、彼らは王朝国家内部にあって〝地方名士〟(中央では「都ノ武者」に相当)としての立場を、与えられることとなった。

王朝時代が登場させた「兵」について、これまで奥州さらには都での事情からながめてきた。最後に西国及び鎮西《ちんぜい》方面の様子にもふれておこう。

二　外交の危機と王朝

鎮西の功臣――大蔵種材

大蔵種材《おおくらのたねき》も「家ヲ継ギタル兵」の好例だった。種材は「刀伊」（女真族《じょしんぞく》）の来襲のおり、王朝武者としてその撃退に尽力した「兵」だった。彼もまた天慶の乱（将門・純友の乱）の功臣の末裔に位置した。その点では、これまで語ってきた平維茂・藤原諸任、あるいは平致頼・致経、さらに源満仲・頼光等々と同じ立場ということになる。

種材は純友の乱で武功をなした大蔵春実《はるざね》の子孫とされる。春実は「南海・西海凶賊使」として活躍した人物だ。彼はその功で対馬守《つしまのかみ》に登用された（『日本紀略』天慶四年五月十九日条）。種材は「大蔵系図」によれば春実の孫にあたり、「大宰大監《だざいのだいげん》」の肩書を有していた。大蔵一族は、春実以後、まさに功臣の末裔として鎮西方面に地盤強化をはかった。刀伊入寇時にあっては種材自身も齢《よわい》七十の高齢ながら、賊徒撃退に積極的提言をなしたとされる。その功績が認められ、事件後の寛仁三年七月に種材壱岐守《いきのかみ》に補《ふ》されている（『小右記』同年七月十三日条)。壱岐は、対馬《つしま》とともに刀伊事件で多大の被害を被った地域で、武者・兵系の受領の配備が要請された。その点では種材は女真族侵攻にさいし、率先して博多警護所《けごしょ》へと赴き、ここで闘っており、その行動を中央政府も認定したところだった(この点、拙著『刀伊の入寇』参照)。

種材は祖父の春実以来鎮西に拠点を移し、〝地方名士〟ともいい得る立場で、刀伊事件にかかわったことになる。

藤原(小野宮《おののみや》)実資《さねすけ》が残した『小右記』の関係記事によれば、賊徒侵攻にさいし、これを撃退した武力を「府ノ無止《ヤンゴトナキ》武者《ムシャ》」と表現した。平為賢《ためかた》・平致行・藤原蔵規《まさのり》などの武者たちである(『小右記』寛仁三年五月二十四日条)。現代風にいえば血統書付きの身分ある武者というほどの表現だろう。まさしく「家ヲ継ギタル兵」に対応した存在ということになる。そして注目されるのは、この種材以外にもその戦功で恩賞に与《あずか》った武者のグループもいたことだった。

「無止武者」たちの来歴

彼らの多くは、「都ノ武者」の流れに属した勢力で、まさに「然ルベキ兵」に匹敵する存在だった。刀伊事件での武力発動にさいし、武功をなしたのはそうした特別な軍事力だった。大宰府の軍事力の中核をなした「府ノ無止武者」とされた人々は、多くが都と鎮西の両方に拠点を有していた。軸足をいずれかに保持していたとしても、都鄙両面の「留住」の関係にあった。

細かいことは省くが大蔵種材についていえば、都にも縁を有しており、道長との人脈・縁故もあった。刀伊事件の十数年前の寛弘四年（一〇〇七）に起きた菅野重忠殺害事件では、種材にも嫌疑が及び身柄を拘束・留置された。だが彼の禁獄は、道長の処置で緩和されたという（『日本紀略』同七月一日条）。

この事件の真相は不明ながら、道長の「御用意」（口利き）による恩免があったともいう（『小右記』寛弘五年十二月三十日条）。ここからも推測できるように、種材のような立場の存在は、広域的活動を展開し、中央権門の道長との接触を確かめられる。

この種材の他にも例の「無止武者」たちの少なからずが、功臣の末裔とされる。平為賢についていては、その父は常陸大掾《ひたちだいじょう》流流祖の平維幹《これもと》であった。そして、致行もその名字から推して前述の公雅流平氏で中関白家の侍として、隆家に仕えていた可能性も高く、致頼・致経と近い人物と推測される。さらに藤原蔵規は肥後《ひご》の名族菊池氏の祖と仰がれた人物で、隆家との主従の関係が推測されている。

以上、鎮西を騒がせた刀伊事件を介して、そこで活躍した王朝武者についてながめてきた。ここにあっても、功臣の末裔は中央・地方と問わず活動の場を与えられていたことを確かめられ、王朝国家期の兵たちによる都鄙往還は、列島日本の地域的落差を減少させていった。

次にわれわれは、刀伊事件を介して知り得る都の状況についてもながめておこう。

刀伊事件と都

再度、おさらいすれば、女真族の侵攻は寛仁三年（一〇一九）三月末から四月初旬のことだ。道長は晩節に近い五十代半ばのことだった。本書のもう一人の主役紫式部は、すでに無常の道へとおもむき五年程が経過した時期だ。当時、都はどんな状況だったのか。参考までにこの時期の三月から四月頃の記事を『小右記』からながめておこう。

三月初旬に石清水《いわしみず》の臨時祭があった。実資自身は病で参加を取りやめたこと、そして中旬には東宮（敦良《あつなが》親王）宅から出火があったこと。また道長もこの時期、病で出家したことが見えている。さらに道長の子息教通《のりみち》（頼通の弟）も腫物で悩んでいたこと。下旬には、かつての三条院の皇后藤原娍子《せいし》の出家のことなども散見される。都大路も騒しく、実資邸の近くでは不審火が続発し、常陸介藤原惟通《これみち》の娘が焼死したこと、盗賊横行のことも散見する。盗賊による放火も頻発していた。「当時、スデニ憲法ナシ、万人膝ヲ抱ヘ仰天ス」（今は法の効力もなく、人々は天を仰ぐばかりだ）（『小右記』同四月五日条）といった状況だった。

花の都の裏事情は、四月に入っても同じだった。放火・盗賊の記事も多く、世情不安の様子が伝わってくる。実資らも早急な対策を主張、道長以下の公卿《くぎょう》と協議、検非違使《けびいし》らによる都大路の巡回強化策も講ぜられた。「刀伊国ノモノ五十余艘、対馬島ニ来着」との報が都に伝えられたのは、そんな状況下でのことだった。

刀伊事件の点と線——隆家の場合

刀伊の入寇時、道長は五十四歳、実資は六十三歳、そして隆家は四十一歳だった。権門として海防の危機を共有したことになる。ただ三者が置かれた環境は異なっていた。道長や実資は持病をかかえつつも、儀式・政務をこなし、都での治安の悪化の対策に追われていた。そして鎮西にあっては、隆家は異族侵攻という危急の事態に臨んでいた。

既述したように隆家は凋落《ちょうらく》しつつあったが、中関白家の権勢の維持に努めていた。武闘派とおぼしき隆家の存在は、多くの逸話が残されている。「さがな者」（性無者。性格が悪い人の意）と評され、道長自身も隆家と距離をおいたようだ。権勢の人、道長といえども、〝はばかる〟べき人物といえそうだ。そんな隆家は定子さらに伊周《これちか》も世を去った段階で、眼病治療のために大宰府行きを決意する。

隆家の九州下向は長和《ちょうわ》三年（一〇一四）のことだ。大宰府に赴任した三年後に三条天皇が死去する。そして敦明親王の東宮辞退、さらには寛仁二年（一〇一八）十二月、定子所生の敦康《あつやす》親王も二十歳で死去する。刀伊事件の半年ほど前のことで、隆家にとって厳しく辛い状況下での異族との闘いとなった。

とりわけ敦康についていては、中関白家の近親者たち（父道隆・姉定子・兄伊周）は他界したにせよ、この親王への隆家の期待は大きかった。けれども親王の死はその期待を無化させた。

叔父道長に孤軍ながら毅然としていた隆家の姿勢には、「貴族道」の片鱗を見て取れそうだ。

周囲から「性無者」と評されようと、隆家は中関白家のプライドを背負っていた。前述したように「不運なことこそあれ、そこたちにかやうにせらるべき身にもあらず」（自分は不運ながら、あなたたちに同情されるべき立場ではない）と語ったことからも、弱音を吐かない強さが伝わる。眼病に療治を加えるべく鎮西に赴くことを決意した、隆家の心中を察することは、小説的世界に属することだろう。そうだとしても、かつて実方中将が白河関を越え、奥州に自らを飛翔させた心に似た気分もあったかもしれない。都での公卿たちとの〝はばかり〟ある世間から離脱するための行動だった、のではなかったか。

そこで思わざる異族の侵攻に遭遇した隆家は、大宰権帥《ごんのそち》たる自己を再認識したはずだ。自らが大宰府にあって「無止武者」（ヤンゴトナキ武者）を率い、博多警護所に向かい、闘う貴族としての意地を示したのだった。

「大和心」と「貴族道」

「大和心かしこくおはする人」（『大鏡』〈道隆伝〉）とも形容されているように、優れたリーダーシップを発揮し、『大鏡』によれば、隆家の武功に「大臣・大納言にも」との恩賞授与の件も取り沙汰されたとある。けれども「御まじらひ絶えにたれは」（人的交流がなく）、実現されなかったと見える。そして興味深いのは、隆家は自己の恩賞の件を度外視して、実際に闘った武者たちの勲功リストを作成、中央に申請したという。この『大鏡』の記事は『小右記』でも確認されるところだ。自身を局外に置き、功績ある者に助力する、この行動も「大和心かしこくおはする人」の真骨頂ではなかったか。それも「貴族道」の範疇に加えられるべき内容だったのではないか。それは自己中心的な行動からは隔たりを持つことで、実現可能な行為ともいえる。

その点では、やはり隆家が、刀伊事件にさいし、拉致されていた日本人を返還するために日本へと護送してきた高麗の使者に、「三百両」の黄金を渡し、その労をねぎらった話〈道隆伝〉とも通底する。中央政府は水・食料のみを給し使者を帰還させる指示を与えていたが、隆家は自身の判断で高麗使に対応した。これまた「大和心」の表明であり「貴族道」の体現だった。「性無キ者」(さがな者)と呼ばれつつも筋を貫く行動に隆家の真骨頂があった。

その隆家とともに闘った鎮西武士のなかには、肥後の菊池氏のように、貴種たる隆家の血流との繋がりを、一族の記憶に取り入れていった勢力もあった。それほどに隆家の存在は大きかったともいえる。

実資の場合

それでは、その隆家と同じく、道長が一目置いていた実資についてはどうか。道長にとっては靡《なび》かなかった貴族だ。小野宮流に属した実資も隆家と同じく、親三条派だった。すでにふれたように、三条天皇は道長との関係では円滑を欠いた。一条天皇の後継の立場ながら、冷泉《れいぜい》系に位置したこの天皇は、東宮時代が長かった。〝敵の敵は味方〟の通り、隆家とこの実資両人は、道長と〝ソリ〟が合わない三条院に同情を寄せていた。実資は円融《えんゆう》・花山《かざん》・一条の三代の天皇の蔵人《くろうど》（秘書的役割の職責）を務め、その後、参議・右近衛《うこんえ》大将、そして右大臣へと栄進を重ねた。

「賢人右府」と評されているほど、見識の人だった。幾度となく引用したその日記『小右記』（小野宮右大臣に由来）は半世紀に及ぶもので、王朝時代の中央政界を知る一級史料だ。

実資は道長より十歳ほど年長だった。隆家とは親子ほどの差であったが、道長との距離の置き方からすれば近いものがあった。三条院派と目される両人については興味深い話が『大鏡』に見える。三条院には東宮時代に藤原済時《なりとき》の娘娍子も入内《じゅだい》していた。即位後の長和元年（一〇一二）正月、三条院に道長の次女妍子《けんし》が入内する。その数か月後、妍子参内と娍子立后の儀が同日になされる出来事があった。多くの公卿は道長の意向を推し量り、妍子の入内につき従った。けれども実資と隆家の両人は筋を通して娍子立后の儀に参じたという。

まさに自立志向という点でも彼らは共通した。そうしたこともあって、実資と隆家の関係は隆家の九州下向後も、書状支援という形で続けられた。『小右記』所載の隆家書状は相当数にのぼる。実資のもとに届いた刀伊事件の情報も、隆家経由の私信が圧倒的に多い(寛仁三年四月十七日、二十五日条など)。

「女事ニ賢人ナシ」

生真面目な実資だが、色事にかかわる以下のような逸話もある。気骨の人で九十歳の長寿を保った実資だったが、三条天皇の信を得たそんな「賢人右府」として名高い彼も、若い娘を好んでしばしば邸内に引き入れるなどしたようだ。道長の子息頼通はその噂を聞き、下女をわざと水汲みに行かせたところ、案の定、邸内に引き入れた。後日頼通は公事《くじ》のおりに、下女の置いた水桶を「今ハ返シ給ハルベシ」と語り返却したところ、さすがに実資も赤面したという。

同じく『古事談』（第二）だが、邸の前を行きかう女性に目をとめることも一度ならずあり、あるときなどは女に抱きつき、近傍の人に「賢人の行動としては、いかがなものか」と揶揄《やゆ》されたほどだった。そのときの実資が何ともほほえましい。「女事ニ賢人ナシ」と答えたとか（『十訓抄』〈第七〉）。いくら賢人だといっても、「女事」に関しては別問題だったようだ。史実か否かは不明だが、堅苦しい頑固者とは異なる一面を伝えるエピソードといえそうだ。

それぞれの「貴族道」

是々非々の白黒のつけ方にあって隆家もこの実資も同じ〝ニオイ〟を持った貴族といえる。ある意味では忖度《そんたく》志向からは異なるゾーンで生きた王朝人といってよい。とりわけ刀伊事件終結後の恩賞授与の件では、実資らしさがうかがえる。「勲功ノ賞ノ有無」にまつわるものだ。

恩賞授与をめぐり二つの立場があった。授与することを是とする立場と、非とする考えだ。実資は前者を支持した。他方、道長のブレーンであった大納言藤原公任《きんとう》や中納言藤原行成は、「行フベカラズ」（必要なし）の立場から非とした。勲功否定論の根拠は、「勅《ちょく》符《ふ》」の到達時点を問題としたからだ（『小右記』寛仁三年六月二十九日条）。

要は「勅符」の現地到着以前に「賊徒」は退散しており、大宰府軍の戦闘は「勅符」とは無関係との主張だ。これに対し、実資の立場は現実に戦いがなされ、大宰府軍の迎撃により戦果が得られたという、結果を重視すべきとの主張だった。

この恩賞論議は公任や行成が主張するように勅符到来の時間的有効性を問題とすれば、形式に過ぎるとはいえ、彼らの主張にも理はあった。いわば恩賞授与の法的根拠を問うことが、公任たちの考え方だった。そして実資の場合は「勅符」の「到来」という形式よりも、結果という現実が重視されるべきだとの立場だった。

恩賞授与に関しての公任・行成と実資の両者の立場は、煎じ詰めれば王朝貴族の現実への向き合い方が代弁されているようでもある。公任・行成たちは、一方で、「貴族道」の体現者でもあった。「四納言《しなごん》」として道長政権を支えた公卿たちである。〝秩序〟を重視した。恩賞問題での厳格な対応も、そうした点に由来する。

それにしても、都に身を置いた彼らは、鎮西方面での異賊との現実の戦闘の緊迫度からは、現場で指揮に当たった隆家とは、かなりの温度差もあったはずだ。実資は都での情報という点は共通していたが、よりホットな情報が入手できたはずだ。迎撃戦での戦闘の成否に実資は、敏感だったことは間違いない。その点での意識は、隆家と実資には共通するものがあったはずだ。

実資の主張をもう少し敷延《ふえん》すれば、勅符が出されたことは事実である以上、それの「到来」という時間的問題はあくまで副次的なものとの主張だ。〝筋の通し方〟という点では、戦闘参加者からの思考ということができる。最終的に恩賞問題は実資の主張が採用された。

この二つの立場は、それぞれの論理があり、それなりの理屈があった。不採用となった公任や行成もまた先例を重視する有能な公卿たちで、「貴族道」を体現する立場としては是とされる。

実資の場合、鎮西での動向は隆家からの書状で察知し、海防の緊急事態たるセンサーを保持していたことが大きい。実資が刀伊事件で建前よりも結果を優先する立場をとったことも、そうした点と無関係ではなかった。

以上、隆家と実資を軸に刀伊事件を介して、王朝期の一端をながめた。最後に本書のまとめの意味をこめて、道長そして式部が生きた王朝国家の時代とは、日本史全体のなかでどんな位置を担ったのか、この点にふれておく。

グローバル・ルール終焉

本書は「I　王朝時代の諸相」以来、広く「グローバル」な視点も加味しつつ考えてきた。文明主義と同義に用いられるこの語を、今一度整理すると以下のようになる。古代・中世を射程にした場合、グローバルとは、中国を軸とする東アジア世界を念頭にしている。七世紀から九世紀における〝標準時〟としての中華世界がモデルだ。政治行政システムとしての律令制による国家運営は、その象徴だった。

文明的要素には普遍性にもとづく価値の共有化があげられる。海をはさみ大陸と対峙する位置にあったわが国の古代は、その国家形成の過程で右の文明的理念たる律令制を導入した。昨今の流行語でいえば、グローバル・スタンダードとしての〝お手本〟の採用だ。このことは本書にあって表現の相違はあるにしても、幾度となく指摘してきた。本書が対象とした王朝国家の時代は、そのグローバル・ルールからの解放を、自らに課することで誕生する。当該期、東アジア世界全体にあっても、中国的文明主義（グローバル・ルール）は終焉の段階だった。

「I　王朝時代の諸相」でふれたように、理想・建前主義にもとづく律令国家が解体、地域の実情に合致した時代が訪れる。制度・法という上からの外被による〝トンネル的支配〟の原理からの脱却である。その点では王朝国家の時代は、日本的文化主義とも呼ぶべきローカル・ルールの誕生する時代だった。別の言い方をすれば、伝統的基層文化と外来の文明的思考が融合する時代だった（この点、義江彰夫『歴史の曙から伝統社会の成熟へ』も併せ参照）。

神と仏の習合・合体はその象徴だった。総じて、わが国の中世・社会はかつてのグローバル・システムから、そうしたローカル・システムへの転換のうえに誕生する。王朝国家はそうした位置を共有する中世国家への助走に位置した。この点はこれまで何度かふれた。道長そして式部の二人を登場させた時代は、王朝の語感のド真中に当たる。天皇名についてもローカルさが表明される。かつて律令的文明思考で表現されたわが国の天皇は〝総合の古代〟の形容句でくくられるとされる。ミニ中華主義を標榜することで、中国の皇帝的要素が、天皇の名称にも表明されていたからだ。天智《てんじ》・天武《てんむ》あるいは文武《もんむ》・聖武《しょうむ》、さらには平安初期の桓武《かんむ》等々漢風諡号《かんふうしごう》での天皇名には、その意識が表明されていた。

右のような天皇名が代弁するのは漢語文明圏での、大陸価値観の共有化に他ならない。そのグローバル・ルールからの分離・脱却が、東アジア地域の変動のなかで促進される。

海に囲まれたわが国は、グローバル・ルールに固執し続けるのか、はたまた、これからの相対的自立をはかるのか。日本国が遭遇した最初の選択の局面だった（この点近著『武家か天皇か』も併せ参照）。

王朝の天皇像

王朝国家の時代は、中世的ゾーンの段階に属した。天皇に関していえば、不動の天皇像、別言すれば、象徴的要素の登場である。宇多《うだ》・醍醐・村上などの京都の地名を冠したローカル的天皇名がそれだ。さらには道長・式部の時代での一条・三条の両天皇の段階は、まさに大陸求心志向とは異なる、天皇と天皇名の登場を促される。天皇在位中での〝政治的美称〟（諡号《しごう》）とは別立ての天皇の呼称が一般化した。

かつては統治のための理念として、何を尺度としたかが基準とされた。「天武」なり「文武」が象徴するように〝天〟とか〝文〟とか〝武〟とが付着していた。そうしたオールマイティー思考から天皇自身が解放されることが、王朝期の天皇名には見られた。基準は在位中の天皇がどこに愛着を有したかであり、別邸などの生活空間や里第《りてい》との関係、あるいは没後の縁ある地（陵墓等々）だった。共通するのは、そこに中国的皇帝名のごとき〝美称〟は含まないという点だ。こうした思考による天皇名の誕生は、在位中の天皇の地域との因縁が働いていた。

それは中国を範とする平城京、あるいは平安京的思考からの離脱に他ならない。「平安京」から「京都」の誕生へという事態も、同じ流れだった。京都の通り名や周辺の地名を冠したローカル的風味の天皇名の背景は、そうしたことと無関係ではない。

「文化」としての天皇へ

〝総合の古代〟と〝選択の中世〟という表現を天皇のシステムに代弁させた場合、王朝国家は、明らかに後者へのシフトの時代ということができる。既述したようにその背後をなすものは、外交分野での大陸との関係が大きい。大唐帝国の解体にともない、文明的システムからの離脱により、独自路線（文明主義から文化主義への転換）が十世紀を通じ進行した。すでに指摘した天皇の名（追号）の変化はその象徴だった。

その内実にあるのは、天皇自身の文化的存在への転換だった。政治権力の中核に位置づけられた、中華的皇帝観からの離脱である。結果として天皇は文化的存在へと移行する。国風風味の天皇名の登場は、それらと軌を一《いつ》にするものだった。権威体としての、天皇の象徴化の進展である。権力から分離、遊離する「文化」としての天皇への転換は、王朝国家の段階を通じ進行した。

王朝の原理として、しばしば指摘してきた請負化の進展は、まず政治分野での天皇権力の請負化のなかで進行する。摂政・関白の登場は九世紀半ば以降に属する。藤原良房《よしふさ》・基経《もとつね》期をへて、体制化されるのは十世紀の半ば以降のことだろう。

天皇の幼少化が政治権力との遊離を招き、外戚が権力の中枢へと進出、摂関による政治システムの広がりに至る。三条天皇が道長と対抗した背景にあるのは、摂関システムが外戚との関係性のなかで、〝成年〟天皇を排する傾向を背負っていたからだ。かりに〝成年〟だとしても〝物言わぬ天子〟こそが待望されたからに他なるまい。〝物言わぬ天子〟の登場は、代替機能を有した他者（摂関）の政治請負化を進行させる。

当然のことを当然のように語っているが、従来摂関と一体のものとして語られてきた王朝の語感には、負の要素が付着していた。天皇＝親政の阻害者としての、摂関政治という認識である。〝天皇の権力を奪う〟という藤原氏摂関家に与えられたネガティブな考え方である。天皇親政観それ自体は、権威としての「至尊」と権力としての「至強」を一人格に収斂《しゅうれん》させようとする、中華的皇帝主義の産物に他ならない。

「至尊」＝「至強」の立場を取る限りは、新たなる政治権力の出現で皇帝は打倒される運命にある。皮肉ながらわが国の天皇システムが存続し得た理由は、十世紀の王朝国家が天皇を政治から分離させたことにあった。

別の表現をすれば、摂関による政治権力の代行が、天皇の象徴化をもたらした。本書での中軸をなす道長と式部の時代は、一条天皇の政治と重なる。十世紀末に即位したこの天皇は円融を父とした。『神皇正統記《じんのうしょうとうき》』が語るように、冷泉そして弟の円融の両天皇の時代以降、「天皇」の表現は用いられなくなり、すべて「院」の表記が一般化する。「天皇」から「院」への呼称の変化には中華的皇帝主義との決別も宿されていた。摂関体制の定着と、それに対応する天皇の象徴化が意味するものとは、右の内容に尽きる。

道長はどう見られたか——道長へのネガティブ・キャンペーン

歴史上の人物の評価は時代とともに変わる。藤原道長もそうだ。政治なり権力なりが絡む場合は、とりわけその感が強い。今日、道長評の揺れ方は、ほぼ落ち着きを見せている。権謀術策を弄して権力を引き寄せたとの評価は、次第に解消されつつあるようだ。多くは摂関政治と道長の関係が影響していた。そもそもが、その〝摂関政治〟の語感が宿す負の要素が問題だ。
そこには外戚関係を駆使し、公権力をないがしろにしたイメージが強い。いわば天皇の力を無化したことへの批判だ。〝政所《まんどころ》〟政治の呼称がそれであり、〝公私混同〟の政治観が、根底にあった。

道長の人物評は、そうした摂関政治の見方と一体のものとして定着した。少なくとも戦前までの道長観にはその傾向があった。その源流をさかのぼれば、江戸期の『大日本史賛藪《さんそう》』（安積澹泊《あさかたんぱく》）などに行きつく。

「古《いにしえ》ノ大臣、歿スルニ臨ミテ言フ所ハ、皆、国家ノ大事ナリ、道長ハ則チ然《しか》ラズ」（昔大臣は死去に際して、国のゆくすえを案じたものだが、道長の場合は異なる）との評を掲げる。道長は法成寺《ほうじょうじ》造立に国家の財源を用い、私欲に走ったために民衆の「凋瘵《ちょうさい》」（苦しみ・疲弊）を招いた。それにより「王室」は衰退したとして、「権臣ノ人主ヲ鉗制《けんせい》スルコト、一《いっ》ニ比《ここ》ニ至ル」（道長のような権力を持った臣下が、天皇を苦しませたのは、じつにこれほどだったのだ）と。

このような表現で、君臣秩序を乱した根本として道長は糾弾される。『賛藪』が伝える道長評は、江戸期の道義的史観にもとづく極論ではあったが、概して天皇を政治の場から遠ざけることで、権力を我が物にしたとの評は共通する。その後の近代以降の評価も強弱の差はあれ、同様だった。

けれども、昨今での道長評は異なる見方も登場している。要は観念にもとづく道長の政治壟断《ろうだん》説からの脱却である。一九七〇年前後から、平安時代史は大きく塗りかえが進展した。度の強い眼鏡ではなく、裸眼での見直しが始まった。そうしたなかで『大鏡』などの歴史物語への再評価も浮上してくる。

こうした流れのなかで、道長のアナザー・ストーリーへの関心も高まった。〝上級国民〟たる貴族への特別視（それは、一種の〝憧れ〟とともに、〝蔑み〟も同居するアンビバレンス〈好悪併存性〉の対象）からの解放という、流れを用意した。普通の目線で道長をながめた場合、剛腕による権力奪取というサクセス・ストーリーは成り立たない。〝待ち〟に徹した道長像の提案もなされつつある。

王朝国家と天皇

天皇の表現は、対外的な外へのまなざし（視線）と連動する。それ故に十世紀以降の内向き志向（閉の体系）下にあって、「〜天皇」という呼称は次第に用いられなくなる。そこにあるのは、王朝国家期におけるわが国の大陸的・中華的文明主義からの離脱だった。摂関期以降の王朝国家は〝外〟から〝内〟への比重の転換だった。それが天皇の表現に反映した。十世紀の冷泉天皇以降は、内にあっては〝〇〇院〟の表現が、そして対外的には〝〇〇天皇〟の称が用いられることになる。

いわば律令国家段階での〝一本足〟志向から〝天皇〟と〝院〟の使い分けを前提とするパラレルな〝二本足〟志向への移行である。〝〇〇天皇〟から〝〇〇院〟への呼称の転換は、とりもなおさず文明主義から文化主義への転換と軌を一にする。それはすなわちグローバル志向からローカル志向への変化に対応した。誤解をおそれずに表現すれば、叙上のようになろうか。

さらにいえば、「正統」(ショウトウ)という血脈に所由するところの価値、これへの回帰が王朝国家段階以降の天皇には濃厚になる。「正当」(セイトウ)という権力と同居する価値から分離したところの天皇像だ。

かつての律令的古代の皇帝主義では「正統」と「正当」は天皇それ自体が併有していた。王朝の段階はその両者の分離が進み、血脈に所由する権威が付着する。そこにあっては、「正統」性は論理を超えることになる。それ故に権力を志向し、その「正当」化を保持すれば、「正統」の接近へと向かう。

藤原氏の摂関家も、あるいはその後の武家の源平両氏も、「正当」への希求の先にあるのは、「正統」を内包した至尊との結合と合体だった(この点拙著『武家か天皇か』参照)。いささか小難しい議論となった。古代中華志向からの分離のなかで、わが国の王朝国家は天皇に関していえば、権威(文化的存在)たる「正統」性を残すことで、権力たる「正当」性との分離を促進させることになる。

摂関のシステムは、その選択に政治体制の次元で対応するということができそうだ。道長そして式部の生きたのはそんな時代だった。

あとがき

お読み頂いたように、本書の構成上の骨格は明瞭である。道長論でもなければ、紫式部論でもない。あえて言えば、彼らを登場させた王朝時代論が主脈である。道長と式部という両人の生きた時代は、王朝の段階だった。四歳程の年齢差をともないつつ、出自・身分を異にする両人の接点を可能にさせたのは、一条朝という環境にあった。一人は権勢家の権門、一人は受領の娘でしかなかったこの両人が一条朝という宮廷世界で時間を共有する。

山ほどある研究書や一般書のうち、「道長」については史学分野からのアプローチが、また「式部」に関しては『源氏物語』とセットで、文学分野からの提言が多い。それぞれに研究が屹立する。それらを横でながめつつも、原液エキスをどうすれば還元できるか。そのための工夫も問われる。それには〝思考の体幹〟を提示することで応対してみた。「まえがき」でも記した「王朝の復権」とは、本書の脊梁にも相当する観点だ。道長・式部を誕生させた王朝の時代とは何か、当該期の歴史的特質をさぐる算段が問われる。

本書では「Ⅱ　藤原道長の章」と「Ⅲ　紫式部の章」と題して個人に焦点を据え、それぞれの来歴、出自という家系（ファミリー・ヒストリー）から始めて、二人の足跡の年代記をおさえつつ、〝小説〟（個人史）を叙した。そしてこれを挿むようにⅠとⅣではそれぞれ「王朝時代の諸相」「再びの王朝時代の諸相」と題し、彼らが生きた時代史を〝大説〟の立場で俯瞰した。時代と個人――大説風と小説風――に絡めながら、検討を加えたつもりだ。

Ⅰから Ⅳまでの主旋律とは別にコラム欄も用いて、随筆風に叙しておいた。当初、本文とは別に補注・補説も入れた内容だったが、「新書」という性格上、多くを割愛することとなった。そのため付加すべき歴史用語や概念について、充分に説明がほどこしきれていない箇所もあるかと思う。

本書の執筆については朝日新聞出版の長田匡司氏からの申し出によった。氏とは共著『人事の日本史』以来のお付き合いだ。長田氏は中公新書『刀伊の入寇』の読者でもあり、道長時代の海防事件を題材にした右の拙著について、同時代を〝外〟からではなく、〝内〟から考えてほしい、との依頼だった。

『刀伊の入寇』とは別の角度で、王朝国家の時代についての課題を、自分なりに消化し得る良きチャンスと思い、執筆させて頂いた。大学も定年後、晩節の遊行期を迎えた自身にとって、新たなメタモルフォーゼ（Metamorphose）（脱皮）の仕事の一冊となればと思う。

二〇二三年十一月

関　幸彦

本書関連年表

	西暦	藤原道長・事項（年齢）	紫式部・事項（年齢）	関連事項
康保三	九六六	道長誕生（1）		
安和二	九六九			3月、安和の変
天禄元	九七〇		このころ紫式部誕生（1）（天延元年誕生説もあり）	
三	九七二		弟・惟規生まれる（3）	9月、高麗使が対馬に着
天延元	九七三			このころ、『蜻蛉日記』成るか
二	九七四			
三	九七五		為時三女生まれる（6）	
貞元元	九七六		弟・惟通生まれる（7）	群盗の横行
二	九七七		父・為時、東宮読書始の儀に副侍読として侍す（8）	

天元二	九七九		父による漢籍の教育（10）	
三	九八〇	1月、従五位下となる（15）	弟・定暹生まれる（11）	円融天皇の皇子懐仁親王（一条天皇）が誕生（母は詮子）
永観二	九八四		為時が式部丞となる（15）	4月、高麗人、筑前に来る。10月、花山天皇即位
寛和二	九八六	6月、昇殿を許される。7月23日、蔵人、従五位上（21）	為時、式部大丞。六月、為時、政変で官を失う（17）	6月、花山天皇出家。一条天皇即位。10月、円融院大井河御幸
永延元	九八七	左大臣源雅信の娘倫子と結婚（22）	外祖父・為信の出家（18）	
二	九八八	1月、権中納言となる。この年、源高明の娘明子と結婚。彰子（上東門院）誕生（母倫子）（23）		6月、強盗・藤原保輔が捕われる。11月、尾張国の百姓、国守・藤原元命の非法を訴える
正暦元	九九〇		8月、藤原宣孝、筑前守となる（21）	5月、藤原道隆、摂政となる。7月、藤原兼家没

二	九九一	9月、権大納言となる(26)		藤原詮子、女院(東三条院)となる
三	九九二	1月、頼通生まれる(母倫子)。この年、頼宗が生まれる(母明子)(27)		
正暦四	九九三		正月、内宴に為時出席(24)	秋、疱瘡流行。冬、清少納言、藤原定子に出仕
五	九九四	3月、妍子生まれる(母倫子)。この年、顕信生まれる(母明子)(29)	この年、姉が死去か(25)	
長徳元	九九五	5月、内覧の宣旨を受ける。6月、氏長者となる(30)		4月、藤原道隆没。5月、藤原道兼没
二	九九六	6月、教通生まれる(母倫子)。この年、能信生まれる(母明子)(31)	1月、為時、越前守となる。初冬頃、越前に着く(27)	1月、藤原伊周・隆家、花山天皇を射る。4～5月、藤原伊周・隆家、流罪に処せられ、定子、出家する。9月、宋人

				七十余人、若狭へ来着。彼らを越前へ移す。12月、定子、脩子内親王を出産する
四	九九八		春、式部帰京。8月、宣孝、山城守となる。晩秋頃、宣孝と結婚（29）	11月、藤原実方没
長保元	九九九	11月、彰子入内し、女御の宣旨。12月、威子生まれる（母倫子）（34）	11月、宣孝、神楽人長を務める。宣孝、宇佐使として西下。この年、賢子生まれる（30）	11月、一条天皇の皇子敦康親王生まれる（母定子）
二	一〇〇〇	彰子立后、中宮となる（35）		疫病流行。12月、定子、媄子内親王を出産した後、没
三	一〇〇一		春、為時が帰京。2月、宣孝、道長を訪問。4月、宣孝死す。秋ごろ『源氏物語』執筆開始（32）	10月、東三条院（詮子）四十賀を行う。閏12月、東三条院没

寛弘二	一〇〇五	8月、長家生まれる（母明子）。10月、木幡浄妙寺三昧堂供養（40）	12月29日、中宮・彰子に出仕（36）	11月21日、天皇・中宮、道長の東三条第に遷る
三	一〇〇六		1月4日・5日ごろ、退出。3月、東三条第花宴に為時出席。御所東三条院より一条院へ移る（37）	
四	一〇〇七	1月、嬉子生まれる。8月、金峯山に詣でる（42）	惟規、蔵人となる（38）	
寛弘五	一〇〇八	9月、一条天皇の皇子敦成親王（後一条天皇）誕生（母彰子）（43）	式部の『源氏物語』好評、「日本紀の御局」の称を得る。道長が式部に女郎花を折って与える。公任、式部の局をうかがう。道長、式部の局の草稿本を持ち去る（39）	2月、花山院没
六	一〇〇九	11月、一条天皇の皇子敦良親王（後朱雀天皇）誕生（母彰子）（44）	このころ、道長、夜、式部の局の戸を叩く（40）	2月、中宮、若宮呪詛事件発覚し、藤原伊周の朝参が停止される

七	一〇一〇	2月、妍子、東宮居貞親王（三条天皇）の妃となる（45）	2月上旬、宇治十帖執筆開始か。6月、夢浮橋まで完成か（41）	1月20日、伊周没
八	一〇一一	8月、内覧の宣言をうける。妍子・娍子に女御の宣旨が下る（46）	2月1日、為時、越後守となる。秋ごろ、惟規、父の供で任地に赴き死す（42）	5月、一条天皇、病により譲位。6月、三条天皇即位、一条院没。10月、冷泉院没
長和元	一〇一二	1月、妍子に立后の宣旨が下る。顕信出家。2月、中宮彰子、皇太后に。妍子も中宮。4月、妍子参内と娍子立后（皇后となる）（47）	5月、藤原実資、彰子を訪ねる。取次は紫式部か（43）	
二	一〇一三	7月、妍子、禎子内親王（陽明門院）を産む（48）	1月、実資、彰子を訪問。取次は紫式部か。2月、彰子、一種物の催を停（とど）む。4月、藤原資平、紫式部を介して彰子に配慮を承るか。5月、資平、取次	

			の女房紫式部に逢う。7月、実資、枇杷殿にて紫式部に逢う。8月、実資、枇杷殿にて紫式部に逢う。9月、紫式部宮廷を去る？（44）	
三	一〇一四	2月、内裏が焼失（49）	1月、越後の父に歌を送る。彰子のために清水寺に参詣（45）	1月、彗星現れる。このころ、三条天皇、眼病を患う
四	一〇一五	10月、彰子、道長の五十賀を行う。摂政に准じて除目・官奏を行う（50）		
長和五	一〇一六	1月、摂政となる。左大臣を辞す（51）		1月、三条天皇譲位。2月、後一条天皇即位。7月、道長の土御門第焼亡。9月、上皇御所枇杷殿焼亡

寛仁元	一〇一七	3月、摂政を辞し、頼通が後継。11月、小一条院と娘寛子（母明子）結婚。12月、太政大臣従一位となる（52）	8月、敦明親王皇太子を辞し、小一条院の尊号。敦良親王が東宮となる
二	一〇一八	1月、彰子、太皇太后となる。3月、威子、入内。10月、妍子が皇太后に、威子が中宮となり、一家に三后が並び立つ。威子立后に際して「此世をば……」の歌を披露する（53）	
三	一〇一九	3月、道長出家（54）	4月、刀伊の入寇、大宰権帥・隆家、これを撃退する。12月、頼通、摂政を辞し、関白となる
四	一〇二〇	3月、無量寿院落慶供要を行う（55）	

治安元	一〇二一	12月、無量寿院西北院の供養を行う(56)		7月、頼通が左大臣、教通が内大臣、頼宗と能信が権大納言となる
二	一〇二二	7月、法成寺金堂供養。この時、無量寿院から法成寺に改める(57)		
万寿元	一〇二四	6月、法成寺薬師堂供養を行う(59)		
二	一〇二五	8月、嬉子、東宮敦良親王の皇子親仁親王(後冷泉天皇)を産み、死去(60)		
三	一〇二六	1月、彰子出家し、上東門院の宣旨を下される(61)		
四	一〇二七	9月、姸子死去。12月、道長死去。鳥辺野に葬送し、遺骨を木幡へ移す(62)		

※年表に関しては、吉川弘文館の人物叢書シリーズの『藤原道長』（山中裕、二〇〇八年）・『紫式部』（今井源衛、一九八五年）所収の年表を参考にした。参考文献及び年表作成にあたり、日本大学文理学部助手の稲川裕己氏の協力を得た。

参考文献

［全体にかかわるもの］

池田亀鑑『平安時代の文学と生活』至文堂、一九六六年
大津透『日本の歴史06　道長と宮廷社会』講談社、二〇〇一年（のちに学術文庫より二〇〇九年再刊）
加藤友康編『日本の時代史6　摂関政治と王朝文化』吉川弘文館、二〇〇二年
倉本一宏『摂関政治と王朝貴族』吉川弘文館、二〇〇〇年
河内祥輔・新田一郎『天皇の歴史4　天皇と中世の武家』講談社、二〇一一年（のちに学術文庫より二〇一八年に再刊）
児玉幸多編『日本史小百科8　天皇』近藤出版社、一九七八年
佐伯智広『皇位継承の中世史（歴史文化ライブラリー483）』吉川弘文館、二〇一九年
坂本賞三『塙選書92　荘園制成立と王朝国家』塙書房、一九八五年
佐々木恵介『天皇の歴史3　天皇と摂政・関白』講談社、二〇一一年（のちに学術文庫より二〇一八年に再刊）
新古代史の会編『人物で学ぶ日本古代史3　平安時代編』吉川弘文館、二〇二二年
須田春子『平安時代後宮及び女司の研究』千代田書房、一九八二年
関幸彦『武士の原像』ＰＨＰ研究所、二〇一四年（のちに吉川弘文館「読みなおす日本史」として二〇二〇年に再刊）
関幸彦『武家か天皇か（朝日選書）』朝日新聞出版、二〇二三年
土田直鎮『日本の歴史5　王朝の貴族』中央公論社、一九六五年（中公文庫改版、二〇〇四年）

遠山美都男『名前でよむ天皇の歴史（朝日新書）』朝日新聞出版、二〇一五年
橋本義彦『日本歴史全集5　貴族の世紀』講談社、一九六九年
橋本義彦『平安貴族社会の研究』吉川弘文館、一九七六年
橋本義彦『平安貴族（平凡社選書）』平凡社、一九八六年（のちに平凡社ライブラリーより二〇二〇年に再刊）
藤井讓治『天皇の歴史5　天皇と天下人』講談社、二〇一一年（のちに学術文庫より二〇一八年に再刊）
藤田覚『天皇の歴史6　江戸時代の天皇』講談社、二〇一一年（のちに学術文庫より二〇一八年に再刊）
山中裕編『摂関時代と古記録』吉川弘文館、一九九一年
山中裕編『古記録と日記〈上・下〉』思文閣出版、一九九三年

［藤原道長にかかわるもの］

大津透『藤原道長（日本史リブレット人019）』山川出版社、二〇二二年
朧谷寿『藤原道長』ミネルヴァ書房、二〇〇七年
北山茂夫『藤原道長（岩波新書）』岩波書店、一九七〇年
倉本一宏『三条天皇』ミネルヴァ書房、二〇一〇年
倉本一宏『藤原道長の日常生活（講談社現代新書）』講談社、二〇一三年
倉本一宏『藤原道長の権力と欲望（文春新書）』文藝春秋、二〇一三年
倉本一宏『藤原道長「御堂関白記」を読む（講談社選書メチエ）』講談社、二〇一三年
倉本一宏『藤原伊周・隆家』ミネルヴァ書房、二〇一七年
関幸彦『刀伊の入寇（中公新書）』中央公論新社、二〇二一年

益田宗『入道殿下の物語（読みなおす日本史）』吉川弘文館、二〇一六年
美川圭『公卿会議（中公新書）』中央公論新社、二〇一八年
山中裕『平安人物志』東京大学出版会、一九七四年
山中裕『藤原道長（人物叢書）』吉川弘文館、二〇〇八年

[紫式部にかかわるもの]

今井源衛『新装版紫式部（人物叢書）』吉川弘文館、一九八五年
朧谷寿『源氏物語の風景（歴史文化ライブラリー72）』吉川弘文館、一九九九年
倉本一宏『紫式部と平安の都（人をあるく）』吉川弘文館、二〇一四年
笹川博司『紫式部集全釈』風間書房、二〇一四年
瀧浪貞子編『源氏物語を読む（歴史と古典）』吉川弘文館、二〇〇八年
角田文衞『紫式部の世界（角田文衞著作集7）』法藏館、一九八四年
服藤早苗『平安朝　女性のライフサイクル（歴史文化ライブラリー54）』吉川弘文館、一九九八年
服藤早苗『平安王朝社会のジェンダー（歴史科学叢書）』校倉書房、二〇〇五年
服藤早苗『藤原彰子（人物叢書）』吉川弘文館、二〇一九年
増田繁夫『源氏物語と貴族社会』吉川弘文館、二〇〇二年
増田繁夫『評伝　紫式部』和泉書院、二〇一四年
丸山裕美子『清少納言と紫式部（日本史リブレット人020）』山川出版社、二〇一五年
宮崎莊平『紫式部日記〈上・下〉（講談社学術文庫）』講談社、二〇〇二年

山本淳子『紫式部集論』和泉書院、二〇〇五年
山本淳子『源氏物語の時代（朝日選書）』朝日新聞社、二〇〇七年

関　幸彦《せき・ゆきひこ》
1952年生まれ。歴史学者。学習院大学大学院人文科学研究科史学専攻博士課程修了。学習院大学助手、文部省初等中等教育局教科書調査官、鶴見大学文学部教授を経て、2008年に日本大学文理学部史学科教授就任。23年３月に退任。専攻は日本中世史。著書に『敗者たちの中世争乱』『刀伊の入寇』『奥羽武士団』『武家か天皇か』など。

朝日新書
938
藤原道長《ふじわらのみちなが》と紫式部《むらさきしきぶ》
「貴族道」と「女房」の平安王朝

2023年12月30日第１刷発行
2024年 7月30日第２刷発行

著　者　関　幸彦

発行者　宇都宮健太朗
カバーデザイン　アンスガー・フォルマー　田嶋佳子
印刷所　TOPPANクロレ株式会社
発行所　朝日新聞出版
〒104-8011　東京都中央区築地5-3-2
電話　03-5541-8832（編集）
　　　03-5540-7793（販売）
©2023 Seki Yukihiko
Published in Japan by Asahi Shimbun Publications Inc.
ISBN 978-4-02-295247-9
定価はカバーに表示してあります。

落丁・乱丁の場合は弊社業務部(電話03-5540-7800)へご連絡ください。
送料弊社負担にてお取り替えいたします。

高校野球　名将の流儀
世界一の日本野球はこうして作られた

朝日新聞スポーツ部

WBC優勝で世界一を証明した日本野球。その「心・技・体」の基礎を築いた高校野球の名監督たちの哲学に迫る。村上宗隆、山田哲人など、WBC優勝メンバーへの教えも紹介。松井秀喜や投手時代のイチローなど、球界のレジェンドたちの貴重な高校時代も。

「深みのある人」がやっていること

齋藤　孝

老境に差し掛かるころには、人の「深み」の差は歴然と表れる。そして深みのある人は周囲から尊敬を集める。だが、そもそも深みとは何なのか。「あの人は深い」と言われる人が持つ考え方や習慣とは。深みの本質と出し方を、人気教授が解説。

天下人の攻城戦
15の城攻めに見る信長・秀吉・家康の智略

渡邊大門／編著

信長の本願寺攻め、秀吉の備中高松城水攻め、真田丸の攻防をはじめ、戦国期を代表する15の攻城戦を徹底解剖！「城攻め」から見えてくる3人の天下人の戦術・戦略とは？　最新の知見をもとに、第一線の研究者たちが合戦へと至る背景、戦後処理などを詳説する。

新しい戦前
この国の〝いま〟を読み解く

内田　樹
白井　聡

「新しい戦前」ともいわれる時代を〝知の巨人〟と〝気鋭の政治学者〟は、どのように捉えているのか。日本政治と暴力・テロ、防衛政策転換の落とし穴、米中対立やウクライナ戦争をめぐる日本社会の反応など、歴史の転換期とされるこの国の〝いま〟を考える。

朝日新書

動乱の日本戦国史
桶狭間の戦いから関ヶ原の戦いまで

呉座勇一

教科書や小説に描かれる戦国時代の合戦は疑ってかかるべし。信長の鉄砲三段撃ち（長篠の戦い）、家康の問鉄砲（関ヶ原の戦い）などは後世の捏造だ！　戦国時代を象徴する六つの戦いについて、最新の研究結果を紹介し、その実態に迫る！

プア・ジャパン
気がつけば「貧困大国」

野口悠紀雄

かつて「ジャパン・アズ・ナンバーワン」とまで称されたわが国は大きく凋落し、購買力は1960年代のレベルまで下落した。経済大国から貧困大国に変貌しつつある日本経済の現状と復活策を、60年間世界をみつめた経済学の泰斗が明らかにする。

鵺《ぬえ》の政権
ドキュメント岸田官邸620日

朝日新聞政治部

朝日新聞大反響連載、待望の書籍化！　岸田政権の最大の危うさは「状況追従主義」にある。ビジョンと熟慮に欠け求心力がない。稚拙な政策のツケはやがて国民に及ぶ。つかみどころのない〝鵺〟のような虚像の正体に迫る渾身のルポ。

よもだ俳人子規の艶
夏井いつき
奥田瑛二

34年の短い生涯で約2万5千もの俳句を残した正岡子規。中には遊里や遊女を詠んだ句も意外に多く、ユーモアや反骨精神、ダンディズムなどが味わえる。そんな子規俳句を縦横無尽に読み込む、松山・東京・道後にわたる全三夜の子規トーク！

人類滅亡2つのシナリオ
AIと遺伝子操作が悪用された未来

小川和也

急速に進化する、AIとゲノム編集技術。画期的な技術ゆえ、制度設計の不備に〝悪意〟が付け込めば、人類の未来は大きく暗転する。「デザイナーベビーの量産」、「〝超知能〟による支配」……。想定しうる最悪な未来と回避策を示す。

訂正する力
東 浩紀

日本にいま必要なのは「訂正する力」です。保守とリベラルの対話にも、成熟した国のありかたや老いを肯定するためにも、さらにはビジネスにおける組織論、日本の思想や歴史理解にも役立つ、隠れた力を解き明かします。デビュー30周年の決定版。

日本三大幕府を解剖する
鎌倉・室町・江戸幕府の特色と内幕
河合 敦

三大武家政権の誕生から崩壊までを徹底解説！ 源頼朝・足利尊氏・徳川家康は、いかにして天皇権力と対峙し、幕府体制を確立させたのか？ 歴史時代小説読者&大河ドラマファン、必読！ 1冊で三大幕府がマスターできる、画期的な歴史新書!!

安倍晋三vs.日刊ゲンダイ
「強権政治」との10年戦争
小塚かおる

創刊以来「権力に媚びない」姿勢を貫いているというこの夕刊紙は、「安保法制」「モリ・カケ・桜」など第2次安倍政権の「大罪」に、どう立ち向かったか。同紙の第一編集局長が戦いの軌跡を公開し、徹底検証する。これが「歴史法廷」の最終報告書！

食料危機の未来年表
そして日本人が飢える日
高橋五郎

日本は食料自給率18%の「隠れ飢餓国」だった！ 有事における穀物支配国の動向やサプライチェーンの分断、先進国の食料争奪戦など、日本の食料安全保障は深刻な危機に直面している。世界182か国の食料自給率を同一基準で算出し世界初公開。

脳を活かすスマホ術
スタンフォード哲学博士が教える知的活用法
星 友啓

スマホをどのように使えば脳に良いのか。〈インプット〉〈エンゲージメント〉〈ウェルビーイング〉〈モチベーション〉というスマホの4大長所を、ポジティブに活用するメソッドを紹介。アメリカの最新研究に基づく「脳のゴールデンタイム」をつくるスマホ術！

朝日新書

発達「障害」でなくなる日

朝日新聞取材班

こだわりが強い、コミュニケーションが苦手といった発達障害の特性は本当に「障害」なのか。学校や会社、人間関係などに困難を感じる人々の事例を通し、当事者の生きづらさが消える新しい捉え方、接し方を探る。「朝日新聞」大反響連載を書籍化。

藤原氏の1300年
超名門一族で読み解く日本史

京谷一樹

摂関政治によって栄華を極めた藤原氏は、一族の「ブランド」を最大限に生かし続け、武士の世も、激動の近現代も生き抜いた。大化の改新の中臣鎌足から昭和の内閣総理大臣・近衛文麿までの90人を取り上げ、名門一族の華麗なる物語をひもとく。

台湾有事　日本の選択

田岡俊次

台湾有事――本当の危機が迫っている。米中対立のリアル、思考停止する日本政府の実態、日本がこうむる人的・経済的損害の実相。選択を間違えたら日本は壊滅する。安保政策が歴史的大転換を遂げた今、老練の軍事ジャーナリストによる渾身の警告!

どろどろの聖人伝

清涼院流水

サンタクロースってどんな人だったの? 12使徒の生涯とは? キリスト教の聖人は、意外にも2000人以上存在します。そのなかから、有名な聖人を取り上げ、その物語をご紹介。聖人伝を通して、日本とは異なる文化を楽しんでいただけることでしょう。

一億三千万人のための『歎異抄』

高橋源一郎

戦乱と飢饉の中世、弟子の唯円が聞き取った親鸞の『歎異抄』。救い、悪、他力の教えに、西田幾多郎、司馬遼太郎、梅原猛、吉本隆明は魅了され、著者も10年近く読みこんだ。『歎異抄』は親鸞の『君たちはどう生きるか』なのだ。今の言葉で伝えるみごとな翻訳。

朝日新書

ブッダに学ぶ 老いと死

山折哲雄

俗人の私たちがブッダのように悟れるはずはない。しかし、紀元前500年ごろに80歳の高齢まで生きたブッダの人生、特に悟りを開く以前の「俗人ブッダの生き方」と「最晩年の姿」に長い老後を身軽に生きるヒントがある。坐る、歩く、そして断食往生まで、実践的な知恵を探る。

ハーバードが教える最高の長寿食

満尾 正

ハーバードで栄養学を学び、アンチエイジング・クリニックを開院する医師が教える、健康長寿を実現する食事術。正解は、1970年代の和食。和食は、青魚や緑の濃い野菜、みそや納豆などの発酵食品をバランスよく摂れる。毎日の食事から、健康診断の数値別の食養生まで伝授。

藤原道長と紫式部
「貴族道」と「女房」の平安王朝

関 幸彦

光源氏のモデルは道長なのか？ 紫式部の想い人は本当に道長なのか？ 摂関政治の最高権力者・道長と王朝文学の第一人者・紫式部を中心に日本史上最長400年の平安時代の真実に迫る！ NHK大河ドラマ「光る君へ」を読み解くための必読書。

沢田研二

中川右介

芸能界にデビューするや、沢田研二はたちまちスターに。だが、「時代の寵児」であり続けるためには、過酷な競争に生き残らなければならない。熾烈なヒットチャート争いと賞レースを、いかに制したか。ジュリーの闘いの全軌跡。圧巻の情報量で、歌謡曲黄金時代を描き切る。